PESQUISA OPERACIONAL

O GEN | Grupo Editorial Nacional – maior plataforma editorial brasileira no segmento científico, técnico e profissional – publica conteúdos nas áreas de ciências sociais aplicadas, exatas, humanas, jurídicas e da saúde, além de prover serviços direcionados à educação continuada e à preparação para concursos.

As editoras que integram o GEN, das mais respeitadas no mercado editorial, construíram catálogos inigualáveis, com obras decisivas para a formação acadêmica e o aperfeiçoamento de várias gerações de profissionais e estudantes, tendo se tornado sinônimo de qualidade e seriedade.

A missão do GEN e dos núcleos de conteúdo que o compõem é prover a melhor informação científica e distribuí-la de maneira flexível e conveniente, a preços justos, gerando benefícios e servindo a autores, docentes, livreiros, funcionários, colaboradores e acionistas.

Nosso comportamento ético incondicional e nossa responsabilidade social e ambiental são reforçados pela natureza educacional de nossa atividade e dão sustentabilidade ao crescimento contínuo e à rentabilidade do grupo.

ERMES MEDEIROS DA SILVA
ELIO MEDEIROS DA SILVA
VALTER GONÇALVES
AFRÂNIO CARLOS MUROLO

PESQUISA OPERACIONAL

PROGRAMAÇÃO LINEAR

SIMULAÇÃO

5ª Edição

Os autores e a editora empenharam-se para citar adequadamente e dar o devido crédito a todos os detentores dos direitos autorais de qualquer material utilizado neste livro, dispondo-se a possíveis acertos caso, inadvertidamente, a identificação de algum deles tenha sido omitida.

Não é responsabilidade da editora nem dos autores a ocorrência de eventuais perdas ou danos a pessoas ou bens que tenham origem no uso desta publicação.

Apesar dos melhores esforços dos autores, do editor e dos revisores, é inevitável que surjam erros no texto. Assim, são bem-vindas as comunicações de usuários sobre correções ou sugestões referentes ao conteúdo ou ao nível pedagógico que auxiliem o aprimoramento de edições futuras. Os comentários dos leitores podem ser encaminhados à **Editora Atlas Ltda.** pelo e-mail editorialcsa@grupogen.com.br.

Direitos exclusivos para a língua portuguesa
Copyright © 2017 by
Editora Atlas Ltda.
Uma editora integrante do GEN | Grupo Editorial Nacional

Reservados todos os direitos. É proibida a duplicação ou reprodução deste volume, no todo ou em parte, sob quaisquer formas ou por quaisquer meios (eletrônico, mecânico, gravação, fotocópia, distribuição na internet ou outros), sem permissão expressa da editora.

Rua Conselheiro Nébias, 1384
Campos Elísios, São Paulo, SP – CEP 01203-904
Tels.: 21-3543-0770/11-5080-0770
editorialcsa@grupogen.com.br
www.grupogen.com.br

Designer de capa: Caio Cardoso
Imagem de capa: Studio-Pro | iStockphoto.com
Editoração Eletrônica: Formato Editora e Serviços

Dados Internacionais de Catalogação na Publicação (CIP)
(Câmara Brasileira do Livro, SP, Brasil)

Pesquisa operacional: programação linear: simulação / Ermes Medeiros da Silva ... |et al.|. – 5. ed. – São Paulo: Atlas, 2017.

Outros autores: Elio Medeiros da Silva, Valter Gonçalves, Afrânio Carlos Murolo.
ISBN 978-85-97-01349-8

1. Pesquisa operacional I. Silva, Ermes Medeiros da. II. Silva, Elio Medeiros da. III. Gonçalves, Valter, IV. Murolo, Afrânio Carlos.

10-05902 CDD-003

Índice para catálogo sistemático:

1. Pesquisa operacional 003

Sumário

Apresentação, vii

Prefácio à quinta edição, ix

Prefácio, xi

1 Apresentação da Pesquisa Operacional, 1

1.1 Conceito, 1

1.2 Fases de um estudo em P.O., 1

2 Programação Linear, 4

2.1 Modelo em programação linear, 4

Exercícios (lista 1), 8

2.2 Técnica de solução para modelos de programação linear com duas variáveis de decisão – método gráfico, 13

    2.2.1 Conceito, 13

    2.2.2 Gráfico do conjunto de soluções, 13

    2.2.3 Avaliação do objetivo, 15

    2.2.4 Método gráfico, 16

Exercícios (lista 2), 19

3 Noções sobre Espaço Vetorial, 22

3.1 Introdução, 22

3.2 Base de um espaço vetorial, 25

3.3 Solução básica de um sistema de equações lineares, 25

3.4 Problema fundamental da programação linear, 26

3.5 Observações sobre o problema fundamental da programação linear, 30

4 Método Simplex, 32

4.1 Apresentação, 32

4.2 Descrição do método para maximização, 33

Exercícios (lista 3), 41

4.3 Solução de um modelo geral de programação linear pelo método Simplex, 43

    4.3.1 O problema da minimização, 43

    4.3.2 O problema da variável livre, 43

    4.3.3 O problema da solução básica inicial, 44

    4.3.4 Retorno ao modelo original, 45

        4.3.4.1 Método do M grande, 45

        4.3.4.2 Método da função objetivo auxiliar, 50

vi Sumário

4.4 O problema da degeneração, 55

4.5 O problema da solução ilimitada, 55

4.6 Caso de soluções múltiplas, 56

Exercícios (lista 4), 56

4.7 Análise econômica, 58

5 Dualidade, 64

5.1 Introdução, 64

5.2 Analogia entre as soluções primal e dual, 66

5.3 Interpretação econômica do dual, 71

Exercícios (lista 5), 72

6 Problema do Transporte, 77

6.1 Introdução, 77

6.1.1 O modelo linear do transporte, 78

6.1.2 O caso de sistemas não equilibrados, 79

6.2 O algoritmo dos transportes, 80

6.3 O problema da degenerescência, 90

6.4 O caso de maximização, 94

6.5 O caso da impossibilidade de transporte, 95

Exercícios (lista 6), 96

7 O Problema da Designação, 101

7.1 Introdução, 101

7.2 Descrição do algoritmo, 101

7.3 O caso de maximização, 104

Exercícios (lista 7), 106

8 Análise de Sensibilidade, 110

8.1 Mudança nos lucros unitários (coeficientes da função objetivo), 111

8.2 Entrada de uma nova variável, 113

8.3 Mudanças nos valores dos recursos, 114

Exercícios (lista 8), 116

9 Simulação, 120

9.1 Introdução, 120

9.2 Geração de eventos aleatórios, 121

9.3 Exemplo de aplicação, 124

9.4 Observações, 127

Exercícios (lista 9), 128

10 Modelos Teóricos de Probabilidade, 131

10.1 Distribuição retangular ou uniforme, 131

10.2 Distribuição de Poisson, 133

10.3 Distribuição normal, 134

10.4 Distribuição exponencial, 137

11 Controle de Parâmetros de Simulação, 140

11.1 Cálculo do número de simulações, 140

11.2 Controle de parâmetros usando o teorema do limite central, 142

11.3 O problema das condições iniciais, 142

11.4 Comentários sobre análise de sensibilidade, 143

Exercícios (lista 10), 151

Anexo: A Ferramenta Solver da Planilha Excel na Solução de Problemas de Programação Linear, 155

Bibliografia, 163

Apresentação

O mundo mergulhou profundamente na Era do Conhecimento, graças à inteligência, às ideias e à criatividade do ser humano. Utilizando-se dos mais sofisticados processos permitidos pela cibernética, o homem, mercê da velocidade com que obtém informações precisas e adequadas, conquista o espaço cósmico, planeja e controla o direcionamento de naves espaciais e o comportamento dos astronautas.

Na área negocial, buscam-se modelos de atividades e comportamentos necessários ao fortalecimento da empresa, voltados a oferecer integral satisfação a seus proprietários, trabalhadores, fornecedores e consumidores.

A disputa pela conquista de maiores fatias do mercado consumidor, o enfrentamento da concorrência, o volume de investimentos e sua adequada remuneração, qualidade do serviço ou do produto, a melhoria do ambiente social tornaram-se desafios constantes em todos os ramos da atividade humana. Maximizar resultados e minimizar dispêndios, eis a tarefa dedicada aos Professores, a quem compete demonstrar a melhor maneira de solucionar aqueles eventos.

Identificados com essa realidade, os Autores deste livro, valendo-se de longa experiência adquirida no magistério de disciplinas vistas pelos estudantes como verdadeiros "fantasmas", reuniram-se para desmistificar e mostrar a enorme importância de aplicabilidade da Matemática e da Estatística nesta quadra do conhecimento.

A elaboração de modelos matemáticos, indispensáveis às atividades empresariais, sempre foi tida como de difícil e complicado entendimento. Neste livro essa falácia é desmentida de forma simples e competente, ao alcance da compreensão e aplicação por parte de estudantes, empresários, consultores e professores. O modelo matemático é exposto e solucionado de maneira leve e agradável, fácil e inteligível, valendo-se do método estatístico como poderoso auxiliar.

Trata-se de um livro para ser inteiramente lido, antes de que se constitua em fonte permanente de consulta. Cada uma de suas partes, desde a programação linear até as situações simuladas, escritas pacientemente, tanto na definição dos conceitos como no encaminha-

viii Apresentação

mento e na solução da grande quantidade de exercícios, assinalam a medida exata da capacidade e da experiência dos Autores, colocadas, sob o título PESQUISA OPERACIONAL, à disposição de todos quantos queiram fazer despertar o poder das ideias, da inteligência e da criatividade, dotes com que o ser humano foi dotado com exclusividade.

Convivendo há vários anos com os mestres que assinam este livro, cuja experiência no magistério e competência profissional atesto sem restrições, resta-me agradecer a honra de apresentá-lo. Augurando merecido sucesso no lançamento desta obra, recomendo-a especialmente à juventude universitária brasileira.

Prof. Luiz Licco Netto

Prefácio à Quinta Edição

Nesta quinta edição do *Pesquisa operacional* procuramos adaptar o texto para algumas demandas mais conservadoras que usam recursos computacionais com pouca frequência. Assim, um grupo de problemas que aparece na lista 3 de exercícios e que deveria ser resolvido com o auxílio do Solver foi transferido para a lista 4, onde já existem recursos para a solução manual. O uso do Solver, recurso da Planilha Excel do pacote Office da Microsoft Co., está detalhado no Anexo na parte final do livro. O ideal é que o estudante use esse recurso paralelamente ao trabalho manual, tanto na obtenção da solução do problema quanto na análise de sensibilidade da solução. Nos problemas mais trabalhosos, a solução através da ferramenta computacional libera o estudante para se dedicar à interpretação dos resultados. Esse trabalho resulta sempre no maior conhecimento do modelo em estudo, inclusive das suas limitações. Achamos mais razoável completar a lista de respostas para os problemas da lista 5 para que o estudante possa conferir as soluções a todas elas. Sempre que pareceu interessante, completamos a lista de exercícios que aparece no final de cada tópico com algum problema que exija um conhecimento mais consolidado do conteúdo exposto.

Os modelos de TRANSPORTE e DESIGNAÇÃO foram desenvolvidos separados dos outros modelos por sua importância e por admitir um processo de solução manual mais simples que o SIMPLEX. Entretanto, uma boa abordagem desses itens é trabalhar a construção dos modelos deixando a solução para a ferramenta SOLVER. Enfatizamos isso nas listas de exercícios correspondentes.

Por fim, procuramos estabelecer uma comunicação mais efetiva com o estudante, chamando a atenção para detalhes importantes de cada tópico, mostrando os ganhos com os conhecimentos que serão abordados assim como esse conteúdo se relaciona com os demais. O objetivo é sempre motivar o estudante, aproximando o texto do formato encontrado na mídia, com orientações e informações prévias que lhe forneçam uma visão mais aberta do conteúdo a ser pesquisado.

Agradecemos, mais uma vez, as sugestões que nos foram enviadas. Estaremos atentos às observações dos colegas, e sempre que possível procuraremos atendê-las.

São Paulo, dezembro de 2016.

Os Autores

Material Suplementar

Este livro conta com o seguinte material suplementar:

- Manual do Mestre (restrito a professores)

O acesso ao material suplementar é gratuito. Basta que o leitor se cadastre em nosso site (www.grupogen.com.br), faça seu login e clique em Ambiente de Aprendizagem, no menu superior do lado direito.

É rápido e fácil. Caso haja dificuldade de acesso, entre em contato conosco (sac@grupogen.com.br).

GEN-IO (GEN | Informação Online) é o repositório de materiais suplementares e de serviços relacionados com livros publicados pelo GEN | Grupo Editorial Nacional, maior conglomerado brasileiro de editoras do ramo científico-técnico-profissional, composto por Guanabara Koogan, Santos, Roca, AC Farmacêutica, Forense, Método, Atlas, LTC, E.P.U. e Forense Universitária. Os materiais suplementares ficam disponíveis para acesso durante a vigência das edições atuais dos livros a que eles correspondem.

Prefácio

Ao elaborar este texto, tivemos em mente alguns fatos. Escolas como as de Administração de Empresas, Economia e Engenharia mantêm um curso de Pesquisa Operacional, geralmente nos últimos anos. As pessoas que se encaminham para a maioria desses cursos apresentam certa dificuldade para assimilar conhecimentos na área quantitativa. Os cursos básicos de Matemática e Estatística oferecidos nos primeiros anos são vencidos com grande dificuldade e baixo aproveitamento. Dessa forma, sabemos não poder contar com o conhecimento básico necessário ao desenvolvimento de um curso de Pesquisa Operacional, preocupado apenas com os modelos e apresentação das técnicas resolutivas. Ao contrário, temos que nos preocupar com o desenvolvimento dessas técnicas em detalhes, ou correr o risco de apresentar um curso em que os estudantes adquirem conhecimento de tal modo superficial que os habilita apenas a responder automaticamente a algumas questões exaustivamente trabalhadas. Isso os impede de desenvolver posteriormente estudos mais consequentes nessa área.

Precisávamos então de um livro adaptado a essas condições, isto é, que pudesse efetivamente servir de livro-texto, mas que auxiliasse o professor no sentido de direcionar o estudo para um conjunto definido de conhecimentos, e que tivesse o mérito de liberá-lo de transcrever no quadro a matéria, a ser copiada pelos alunos. Esse exercício de transcrição, além de fonte de propagação de erros, é uma forma de acomodação e pouco traz como retorno em entendimento e fixação de conhecimentos.

Escolhemos dois tópicos: Programação Linear e Simulação Monte Carlo. A Programação Linear tem o mérito de envolver conhecimentos matemáticos relativamente simples, e ser de larga aplicação no campo da administração. Além disso, sua técnica resolutiva é programável em computador, estando disponível no mercado alguns *softwares* específicos para isto.

A Simulação é o modelo mais geral em Pesquisa Operacional. Seu estudo estimula o conhecimento do sistema envolvido e da metodologia da Pesquisa Operacional. Sua técnica resolutiva envolve conhecimentos simples de estatística básica ao nível apresentado, e é facilmente programável em computador. Algumas planilhas como Lotus e Excel são de grande auxílio, e podem ser facilmente encontradas.

Os exemplos são desenvolvidos no texto com todos os detalhes, exatamente para servir de guia quando estudados sem o acompanhamento do professor.

Agradecemos aos colegas as sugestões recebidas e o incentivo que renova e reforça a vontade de prosseguir no trabalho. Esperamos devolver essa ajuda, na forma de um livro que seja uma ferramenta útil para aqueles que se empenham no estudo da Pesquisa Operacional.

Os Autores

Apresentação da Pesquisa Operacional

1.1 CONCEITO

Pesquisa Operacional é um método científico de tomada de decisões. Em linhas gerais, consiste na descrição de um sistema organizado com o auxílio de um modelo, e através da experimentação com o modelo, na descoberta da melhor maneira de operar o sistema.

A Pesquisa Operacional como a conhecemos surgiu durante a Segunda Guerra Mundial, resultado de estudos realizados por equipes interdisciplinares de cientistas contratados para resolver problemas militares de ordem estratégica e tática.

1.2 FASES DE UM ESTUDO EM P.O.

Um estudo em Pesquisa Operacional costuma envolver seis fases:

- formulação do problema;
- construção do modelo do sistema;
- cálculo da solução através do modelo;
- teste do modelo e da solução;
- estabelecimento de controles da solução;
- implantação e acompanhamento,

que podem ser descritas como segue:

Formulação do Problema – Nesta fase, o administrador do sistema e o responsável pelo estudo em P.O. deverão discutir, no sentido de colocar o problema de maneira clara e coerente, definindo os objetivos a alcançar e quais os possíveis caminhos alternativos para que isso ocorra.

Além disso, serão levantadas as limitações técnicas do sistema e as relações desse sistema com outros da empresa ou do ambiente externo, com a finalidade de criticar a validade de possíveis soluções em face destes obstáculos.

Deverá ainda ser acordada uma medida de eficiência para o sistema, que permita ao administrador ordenar as soluções encontradas, concluindo o processo decisório.

Construção do Modelo do Sistema – Os modelos que interessam em Pesquisa Operacional são os modelos matemáticos, isto é, modelos formados por um conjunto de equações e inequações.

Uma das equações do conjunto serve para medir a eficiência do sistema para cada solução proposta. É a função objetivo ou função de eficiência. As outras equações geralmente descrevem as limitações ou restrições técnicas do sistema. As variáveis que compõem as equações são de dois tipos:

- *Variáveis controladas ou de decisão* – são variáveis cujo valor está sob controle do administrador. Decidir, neste caso, é atribuir um particular valor a cada uma dessas variáveis. Numa programação de produção, por exemplo, a variável de decisão é a quantidade a ser produzida num período, o que compete ao administrador controlar.

- *Variáveis não controladas* – são as variáveis cujos valores são arbitrados por sistemas fora do controle do administrador. Custos de produção, demanda de produtos, preço de mercado são variáveis não controladas.

Um bom modelo é aquele que tem desempenho suficientemente próximo do desempenho da realidade e é de fácil experimentação. Essa proximidade desejada é variável, dependendo do objetivo proposto. Um bom modelo para um objetivo pode ser péssimo para outro. A fidelidade de um modelo é aumentada à medida que ele incorpora características da realidade, com a adição de novas variáveis. Isso aumenta sua complexidade, dificultando a experimentação, o que nos leva a considerar o fator custo-benefício quando pensamos em melhorar o desempenho de um modelo.

Cálculo da solução através do modelo – É feito através de técnicas matemáticas específicas. A construção do modelo deve levar em consideração a disponibilidade de uma técnica para o cálculo da solução.

Teste do modelo e da solução – Esse teste é realizado com dados empíricos do sistema. Se houver dados históricos, eles serão aplicados no modelo, gerando um desempenho que pode ser comparado ao desempenho observado no sistema. Se o desvio verificado não for aceitável, a reformulação ou mesmo o abandono do modelo será inevitável. Caso não haja dados históricos, os dados empíricos serão anotados com o sistema funcionando sem interferência, até que o teste possa ser realizado.

Estabelecimento de controles da solução – A construção e experimentação com o modelo identificam parâmetros fundamentais para solução do problema. Qualquer mudança nesses parâmetros dever ser controlada para garantir a validade da solução adotada. Caso alguns desses parâmetros sofram desvio além do permitido, o cálculo de nova solução ou mesmo a reformulação do modelo poderá ser necessário.

Implementação e acompanhamento – Nesta fase, a solução será apresentada ao administrador, evitando-se o uso da linguagem técnica do modelo. O uso da linguagem do sistema em estudo facilita a compreensão e gera boa vontade para a implantação que está sendo sugerida. Essa implantação deve ser acompanhada para se observar o comportamento do sistema com a solução adotada. Algum ajuste pode ser requerido.

Programação Linear

> Um problema que não tem solução está resolvido sob o ponto de vista matemático. Se o problema tem apenas uma solução, basta encontrá-la. Mas se o problema tem muitas soluções, precisamos de alguma regra que oriente a escolha de uma delas. É o caso dos problemas que envolvem modelos em programação linear.

2.1 MODELO EM PROGRAMAÇÃO LINEAR

Uma das técnicas mais utilizadas na abordagem de problemas em Pesquisa Operacional é a programação linear. A simplicidade do modelo envolvido e a disponibilidade de uma técnica de solução programável em computador facilitam sua aplicação. As aplicações mais conhecidas são feitas em sistemas estruturados, como os de produção, finanças, controles de estoques etc.

O modelo matemático de programação linear é composto de uma função objetivo linear, e de restrições técnicas representadas por um grupo de inequações também lineares.

Exemplo: Função objetivo a ser maximizada: $Lucro = 2x_1 + 3x_2$

$$\text{Restrições:} \begin{cases} \text{técnicas} & \begin{cases} 4x_1 + 3x_2 \leq 10 \\ 6x_1 - x_2 \geq 20 \end{cases} \\ \text{de não negatividade} & \begin{cases} x_1 \geq 0 \\ x_2 \geq 0 \end{cases} \end{cases}$$

As variáveis controladas ou variáveis de decisão são x_1 e x_2. A função objetivo ou função de eficiência mede o desempenho do sistema, no caso a capacidade de gerar lucro, para cada solução apresentada. O objetivo é maximizar o lucro. As restrições garantem que essas soluções estão de acordo com as limitações técnicas impostas pelo sistema. As duas últimas restrições exigem a não negatividade das variáveis de decisão, o que deverá acontecer sempre que a técnica de abordagem for a de programação linear.

A construção do modelo matemático, no caso um modelo linear, é a parte mais complicada de nosso estudo. Não há regra fixa para esse trabalho, mas podemos sugerir um roteiro que ajuda a ordenar o raciocínio.

Roteiro:

a. Quais as variáveis de decisão?

Aqui o trabalho consiste em explicitar as decisões que devem ser tomadas e representar as possíveis decisões através de variáveis chamadas variáveis de decisão. Se o problema é de programação de produção, as variáveis de decisão são as quantidades a produzir no período; se for um problema de programação de investimento, as variáveis vão representar as decisões de investimento, isto é, quanto investir em cada oportunidade de investimento, e em que período. Nas descrições sumárias de sistemas, isso fica claro quando lemos a questão proposta, isto é, a pergunta do problema.

b. Qual o objetivo?

Aqui devemos identificar o objetivo da tomada de decisão. Eles aparecem geralmente na forma da maximização de lucros ou receitas, minimização de custos, perdas etc.

A função objetivo é a expressão que calcula o valor do objetivo (lucro, custo, receita, perda etc.), em função das variáveis de decisão.

c. Quais as restrições?

Cada restrição imposta na descrição do sistema deve ser expressa como uma relação linear (igualdade ou desigualdade), montadas com as variáveis de decisão.

Exemplos de situações que podem ser descritas com o auxílio de um modelo linear:

Exemplo 1:

Certa empresa fabrica dois produtos $P1$ e $P2$. O lucro unitário do produto $P1$ é de 1.000 unidades monetárias e o lucro unitário de $P2$ é de 1.800 unidades monetárias. A empresa precisa de 20 horas para fabricar uma unidade de $P1$ e de 30 horas para fabricar uma unidade de $P2$. O tempo anual de produção disponível para isso é de 1.200 horas. A demanda esperada para cada produto é de 40 unidades anuais para $P1$ e 30 unidades anuais para $P2$. Qual é o plano de produção para que a empresa maximize seu lucro nesses itens? Construa o modelo de programação linear para esse caso.

Solução:

a. Quais as variáveis de decisão?

O que deve ser decidido é o plano de produção, isto é, quais as quantidades anuais que devem ser produzidas de $P1$ e $P2$.

Portanto, as variáveis de decisão serão x_1 e x_2

$x_1 \rightarrow$ quantidade anual a produzir de $P1$

6 Capítulo 2

$x_2 \rightarrow$ quantidade anual a produzir de $P2$

b. Qual o objetivo?

O objetivo é maximizar o lucro, que pode ser calculado:

Lucro devido a $P1$: $1.000 \cdot x_1$ (lucro por unidade de $P1 \times$ quantidade produzida de $P1$)
Lucro devido a $P2$: $1.800 \cdot x_2$ (lucro por unidade de $P2 \times$ quantidade produzida de $P2$)
Lucro total: $L = 1.000x_1 + 1.800x_2$
Objetivo: maximizar $L = 1.000x_1 + 1.800x_2$

c. Quais as restrições?

As restrições impostas pelo sistema são:

- Disponibilidade de horas para a produção: 1.200 horas.
  horas ocupadas com $P1$: $20x_1$ (uso por unidade $\times$ quantidade produzida)
  horas ocupadas com $P2$: $30x_2$ (uso por unidade $\times$ quantidade produzida)
  Total em horas ocupadas na produção: $20x_1 + 30x_2$
  disponibilidade: 1.200 horas.
  Restrição descritiva da situação: $20x_1 + 30x_2 \leq 1.200$
- Disponibilidade de mercado para os produtos (demanda)
  Disponibilidade para $P1$: 40 unidades
  Quantidade a produzir de $P1$: x_1
  Restrição descritiva da situação: $x_1 \leq 40$
  Disponibilidade para $P2$: 30 unidades
  Quantidade a produzir de $P2$: x_2
  Restrição descritiva da situação: $x_2 \leq 30$

Resumo do modelo: $max\ L = 1.000x_1 + 1.800x_2$
Sujeito a:

$$\text{restrições técnicas} \begin{cases} 20x_1 + 30x_2 \leq 1.200 \\ x_1 \leq 40 \\ x_2 \leq 30 \end{cases}$$

$$\text{restrições de não negatividade} \begin{cases} x_1 \geq 0 \\ x_2 \geq 0 \end{cases}$$

Exemplo 2:

Para uma boa alimentação, o corpo necessita de vitaminas e proteínas. A necessidade mínima de vitaminas é de 32 unidades por dia e a de proteínas de 36 unidades por dia. Uma pessoa tem disponível carne e ovos para se alimentar. Cada unidade de carne contém 4 unidades de vitaminas e 6 unidades de proteínas. Cada unidade de ovo contém 8 unidades de vitaminas e 6 unidades de proteínas.

Qual a quantidade diária de carne e ovos que deve ser consumida para suprir as necessidades de vitaminas e proteínas com o menor custo possível? Cada unidade de carne custa 3 unidades monetárias e cada unidade de ovo custa 2,5 unidades monetárias.

Solução:

a. Quais as variáveis de decisão?

Devemos decidir quais as quantidades de carne e ovos a pessoa deve consumir no dia. As variáveis de decisão serão, portanto:

$x_1 \rightarrow$ quantidade de carne a consumir no dia

$x_2 \rightarrow$ quantidade de ovos a consumir no dia

b. Qual o objetivo?

O objetivo é minimizar o custo, que pode ser calculado:

Custo devido à carne: $3 . x_1$ (custo por unidade × quantidade a consumir de carne)

Custo devido aos ovos: $2,5 . x_2$ (custo por unidade × quantidade a consumir de ovos)

Custo total: $C = 3x_1 + 2,5x_2$

Objetivo: minimizar $C = 3x_1 + 2,5x_2$

c. Quais as restrições?

As restrições impostas pelo sistema são:

- necessidade mínima de vitamina: 32 unidades

  vitamina de carne: $4 . x_1$ (quantidade por unidade × unidades de carne a consumir)

  vitamina de ovos: $8 . x_2$ (quantidade por unidade × unidades de ovos a consumir)

  Total de vitaminas: $4x_1 + 8x_2$

  Necessidade mínima: 32

  Restrição descritiva da situação: $4x_1 + 8x_2 \geq 32$

- necessidade mínima de proteína: 36 unidades

  proteína de carne: $6 . x_1$ (quantidade por unidade × unidades de carne a consumir)

  proteína de ovos: $6 . x_2$ (quantidade por unidade × unidades de ovos a consumir)

  Total de proteínas: $6x_1 + 6x_2$

  Necessidade mínima: 36

  Restrição descritiva da situação: $6x_1 + 6x_2 \geq 36$

Resumo do modelo: $min\ C = 3x_1 + 2,5x_2$

Sujeito a:

8 Capítulo 2

$$\text{restrições técnicas} \begin{cases} 4x_1 + 8x_2 \geq 32 \\ 6x_1 + 6x_2 \geq 36 \end{cases}$$

$$\text{restrições de não negatividade} \begin{cases} x_1 \geq 0 \\ x_2 \geq 0 \end{cases}$$

EXERCÍCIOS (LISTA 1)

A primeira missão, e em muitos casos a mais nobre, é a construção do modelo do sistema que gerou a situação problemática. Dizem que construir modelos é uma arte. Vamos começar com situações simples para desenvolver esta habilidade. O envolvimento na construção dos modelos aqui propostos é fundamental.

Observe que a escolha das variáveis de decisão é básica para a construção de um modelo. Pode ser orientada pela resposta à pergunta: o que queremos saber?

Construir o modelo matemático de programação linear dos sistemas descritos a seguir:

1. Um sapateiro faz 6 sapatos por hora, se fizer somente sapatos, e 5 cintos por hora, se fizer somente cintos. Ele gasta 2 unidades de couro para fabricar 1 unidade de sapato e 1 unidade de couro para fabricar uma unidade de cinto. Sabendo-se que o total disponível de couro é de 6 unidades e que o lucro unitário por sapato é de 5 unidades monetárias e o do cinto é de 2 unidades monetárias, pede-se: o modelo do sistema de produção do sapateiro, se o objetivo é maximizar seu lucro por hora.

2. Certa empresa fabrica 2 produtos P1 e P2. O lucro por unidade de P1 é de 100 u.m. e o lucro unitário de P2 é de 150 u.m. A empresa necessita de 2 horas para fabricar uma unidade de P1 e 3 horas para fabricar uma unidade de P2. O tempo mensal disponível para essas atividades é de 120 horas. As demandas esperadas para os 2 produtos levaram a empresa a decidir que os montantes produzidos de P1 e P2 não devem ultrapassar 40 unidades de P1 e 30 unidades de P2 por mês. Construa o modelo do sistema de produção mensal com o objetivo de maximizar o lucro da empresa.

3. Um vendedor de frutas pode transportar 800 caixas de frutas para sua região de vendas. Ele necessita transportar 200 caixas de laranjas a 20 u.m. de lucro por caixa, pelo menos 100 caixas de pêssegos a 10 u.m. de lucro por caixa, e no máximo 200 caixas de tangerinas a 30 u.m. de lucro por caixa. De que forma deverá ele car-

regar o caminhão para obter o lucro máximo? Construa o modelo do problema.

4. Uma rede de televisão local tem o seguinte problema: foi descoberto que o programa "A" com 20 minutos de música e 1 minuto de propaganda chama a atenção de 30.000 telespectadores, enquanto o programa "B", com 10 minutos de música e 1 minuto de propaganda chama a atenção de 10.000 telespectadores. No decorrer de uma semana, o patrocinador insiste no uso de no mínimo, 5 minutos para sua propaganda e que não há verba para mais de 80 minutos de música. Quantas vezes por semana cada programa deve ser levado ao ar para obter o número máximo de telespectadores? Construa o modelo do sistema.

5. Uma empresa fabrica 2 modelos de cintos de couro. O modelo M1, de melhor qualidade, requer o dobro do tempo de fabricação em relação ao modelo M2. Se todos os cintos fossem do modelo M2, a empresa poderia produzir 1.000 unidades por dia. A disponibilidade de couro permite fabricar 800 cintos de ambos os modelos por dia. Os cintos empregam fivelas diferentes, cuja disponibilidade diária é de 400 para M1 e 700 para M2. Os lucros unitários são de $ 4,00 para M1 e $ 3,00 para M2. Qual o programa ótimo de produção que maximiza o lucro total diário da empresa? Construa, o modelo do sistema descrito.

Tabela 2.1

Produto	Recurso R1 por unidade	Recurso R2 por unidade	Recurso R3 por unidade
P1	2	3	5
P2	4	2	3
Disponibilidade de recursos por mês	100	90	120

6. Uma empresa, após um processo de racionalização de produção, ficou com disponibilidade de 3 recursos produtivos, R1, R2 e R3. Um estudo sobre o uso desses recursos indicou a possibilidade de se fabricar 2 produtos P1 e P2. Levantando os custos e consultando o departamento de vendas sobre o preço de colocação no mercado, verificou-se que P1 daria um lucro de $ 120,00 por unidade e P2, $150,00 por unidade. O departamento de produção forneceu a Tabela 2.1, acima, de uso de recursos.

   Que produção mensal de P1 e P2 traz o maior lucro para a empresa? Construa o modelo do sistema.

7. Um fazendeiro está estudando a divisão de sua propriedade nas seguintes atividades produtivas:

   A (Arrendamento) – Destinar certa quantidade de alqueires para a plantação de cana-de-açúcar, a uma usina local, que se encarrega da atividade e paga pelo aluguel da terra $ 300,00 por alqueire por ano.

   P (Pecuária) – Usar outra parte para a criação de gado de corte. A recuperação das pastagens requer adubação (100 kg/Alq) e irrigação (100.000 l de água/Alq) por ano. O lucro estimado nessa atividade é de $ 400,00 por alqueire por ano.

   S (Plantio de Soja) – Usar uma terceira parte para o plantio de soja. Essa cultura requer 200 kg por alqueire de adubos e 200.000 l de água/Alq para irrigação por ano. O lucro estimado nessa atividade é de $ 500,00/alqueire no ano.

   Disponibilidade de recursos por ano:

   12.750.000 l de água

   14.000 kg de adubo

   100 alqueires de terra.

   Quantos alqueires deverá destinar a cada atividade para proporcionar o melhor retorno? Construa o modelo de decisão.

8. O departamento de marketing de uma empresa estuda a forma mais econômica de aumentar em 30% as vendas de seus dois produtos P1 e P2.

   As alternativas são:

   a) Investir em um programa institucional com outras empresas do mesmo ramo. Esse programa requer um investimento mínimo de $ 3.000,00 e deve proporcionar um aumento de 3% nas vendas de cada produto, para cada $ 1.000,00 investidos.

   b) Investir diretamente na divulgação dos produtos. Cada $ 1.000,00 investidos em P1 retornam um aumento de 4% nas vendas, enquanto que para P2 o retorno é de 10%.

   A empresa dispõe de $ 10.000,00 para esse empreendimento. Quanto deverá destinar a cada atividade? Construa o modelo do sistema descrito.

9. Uma liga especial constituída de ferro, carvão, silício e níquel pode ser obtida usando a mistura desses minerais puros além de 2 tipos de materiais recuperados:

   Material Recuperado 1 – MR1 – Composição:

   ferro – 60%   Custo por kg: $ 0,20
   carvão – 20%
   silício – 20%

   Material Recuperado 2 – MR2 – Composição:

   ferro – 70%   Custo por kg: $ 0,25
   carvão – 20%
   silício – 5%
   níquel – 5%

   A liga deve ter a seguinte composição final:

Matéria-prima	% mínima	% máxima
ferro	60	65
carvão	15	20
silício	15	20
níquel	5	8

   O custo dos materiais puros são (por kg): ferro: $ 0,30; carvão: $ 0,20; silício: $0,28; níquel: $ 0,50.

10 Capítulo 2

Qual deverá ser a composição da mistura em termos dos materiais disponíveis, com menor custo por kg? Construa o modelo de decisão.

10. Uma rede de depósitos de material de construção tem 4 lojas que devem ser abastecidas com 50 m³ (loja 1), 80 m³ (loja 2), 40 m³ (loja 3) e 100 m³ (loja 4) de areia grossa. Essa areia pode ser carregada em 3 portos P1, P2 e P3, cujas distâncias às lojas estão no quadro (em km):

	L1	L2	L3	L4
P1	30	20	24	18
P2	12	36	30	24
P3	8	15	25	20

O caminhão pode transportar 10 m³ por viagem. Os portos têm areia para suprir qualquer demanda. Estabelecer um plano de transporte que minimize a distância total percorrida entre os portos e as lojas e supra as necessidades das lojas. Construa o modelo linear do problema.

11. A empresa MR Móveis fabrica móveis para escritório e oferece a uma cadeia de lojas três produtos: mesa para computador, estante e cadeira com regulagem de altura e rodas. O vendedor da MR Móveis fecha um pedido de 1.000 mesas, 800 estantes e 1.200 cadeiras, com prazo de entrega de 45 dias. Um estudo do departamento de produção já tem estimado a necessidade de mão de obra, madeira e componentes metálicos para a fabricação dos três itens e a disponibilidade desses recursos no período de produção. Ver Tabela 2.2.

A MR Móveis pode repassar seus projetos a outro fabricante e contratar uma quantidade conveniente desses produtos com a finalidade de suprir o pedido. Após consulta, chegou-se ao quadro:

	Mesa	Estante	Cadeira
Custo da fabricação própria (R$)	100	130	90
Custo de fabricação por terceiros (R$)	120	150	115

O problema consiste, agora, em determinar as quantias que a MR Móveis deverá produzir e comprar de cada item, para minimizar o custo total desse pedido.

12. Uma fábrica de ração para animais possui em estoque três misturas e pretende, a partir delas, compor uma nova ração que apresente quantidades mínimas de dois nutrientes presentes nas misturas. A Tabela 2.3 apresenta as misturas com a porcentagem dos ingredientes presentes em cada uma e seu custo, além das quantidades mínimas exigidas na nova ração.

O problema consiste em determinar a composição do saco de 30 kg da nova ração a partir das três misturas que apresente o menor custo.

Tabela 2.2

	Mesa	Estante	Cadeira	Disponibilidade de recursos no período
Quantidade a fabricar	1.000	800	1.200	
Mão de obra (horas/unidade)	3	4	2	7.600 horas
Madeira (m²/unidade)	3	5	0,5	7.000 m²
Componentes metálicos (kg/unidade)	0,5	1	2	4.000 kg

Tabela 2.3

	% por kg			
Ingrediente	Mistura 1	Mistura 2	Mistura 3	Exigência mínima (em kg) por saco de 30 kg
1	25	9	32	5
2	20	30	18	6
Custo/kg (R$)	0,30	0,25	0,28	

Programação Linear **11**

Tabela 2.4

	Capacidade peças/hora	Descarte em %	Custo descarte em R$/peça	Custo operação em R$/hora	Quantidade de máquinas
Máq. 1	20	5	2	85	4
Máq. 2	15	3	2	75	3
Máq. 3	12	1	2	70	1

13. Uma metalúrgica produz componentes para a indústria automobilística e recebeu um pedido para o fornecimento de 7.240 peças de um determinado modelo a ser entregue em 10 dias úteis. A fábrica pode processar a peça em três máquinas que apresentam tanto capacidade como precisão diferentes, e que produzirão durante 8 horas por dia, conforme a Tabela 2.4.

    Quantas máquinas de cada tipo deverão ser alocadas para essa tarefa com o menor custo possível?

14. O gerente de produção da metalúrgica do problema anterior (13) argumenta que poderia diminuir o custo, caso pudesse dispor de 20 horas extras para uma máquina 1. O custo de operação da hora extra é 20% superior ao custo de operação da hora normal. Como fica o modelo linear com essa nova possibilidade?

15. No problema (13), o gerente de produção foi informado pelo pessoal de manutenção que a máquina 1 precisa de manutenção e que esse processo deve demorar 5 dias, período no qual a máquina não deverá operar. No processo de manutenção, como já fora programado, a capacidade da máquina se mantém em 20 peças por hora com redução do descarte para 3%. Como fica o modelo de produção do pedido com essa nova condicionante?

RESPOSTAS (LISTA 1)

1. $x_1 \rightarrow$ nº de sapatos/hora

   $x_2 \rightarrow$ nº de cintos/hora

   max. Lucro $= 5x_1 + 2x_2$

   s.a. $\begin{cases} 10x_1 + 12x_2 \leq 60 \\ 2x_1 + 1x_2 \leq 6 \\ x_1 \geq 0, x_2 \geq 0 \end{cases}$

2. $x_1 \rightarrow$ quantidade a produzir de P1

   $x_2 \rightarrow$ quantidade a produzir de P2

   max. Lucro $= 100x_1 + 150x_2$

   s.a. $\begin{cases} 2x_1 + 3x_2 \leq 120 \\ x_1 \leq 40 \\ x_2 \leq 30 \\ x_1 \geq 0, x_2 \geq 0 \end{cases}$

3. $x_1 \rightarrow$ quantidade de caixas de pêssegos

   $x_2 \rightarrow$ quantidade de caixas de tangerinas

   max. Lucro $= 10x_1 + 30x_2 + 4.000$

   s.a. $\begin{cases} x_1 + x_2 \leq 600 \\ x_1 \geq 100 \\ x_2 \leq 200 \\ x_1 \geq 0, x_2 \geq 0 \end{cases}$

4. $x_1 \rightarrow$ frequência semanal do programa A

   $x_2 \rightarrow$ frequência semanal do programa B

   max. T $= 30.000x_1 + 10.000x_2$

   s.a. $\begin{cases} 1x_1 + 1x_2 \geq 5 \\ 20x_1 + 10x_2 \leq 80 \\ x_1 \geq 0, x_2 \geq 0 \end{cases}$

5. $x_1 \rightarrow$ quantidade a produzir de M1

   $x_2 \rightarrow$ quantidade a produzir de M2

12 Capítulo 2

max. Lucro $= 4x_1 + 3x_2$

$$\text{s.a.} \begin{cases} 2x_1 + x_2 \leq 1.000 \\ x_1 + x_2 \leq 800 \\ x_1 \leq 400 \\ x_2 \leq 700 \\ x_1 \geq 0, \ x_2 \geq 0 \end{cases}$$

6. $x_1 \to$ quantidade a produzir de P1

$x_2 \to$ quantidade a produzir de P2

max. Lucro $= 120x_1 + 150x_2$

$$\text{s.a.} \begin{cases} 2x_1 + 4x_2 \leq 100 \\ 3x_1 + 2x_2 \leq 90 \\ 5x_1 + 3x_2 \leq 120 \\ x_1 \geq 0, \ x_2 \geq 0 \end{cases}$$

7. $x_1 \to$ alqueires para arrendamento

$x_2 \to$ alqueires para pecuária

$x_3 \to$ alqueires para soja

max. Lucro $= 300x_1 + 400x_2 + 500x_3$

$$\text{s.a.} \begin{cases} x_1 + x_2 + x_3 \leq 100 \\ 100x_2 + 200x_3 \leq 14.000 \\ 100.000x_2 + 200.000x_3 \leq 12.750.000 \\ x_1 \geq 0, \ x_2 \geq 0, \ x_3 \geq 0 \end{cases}$$

8. $x_1 \to$ quantidade em \$ 1.000 para programa institucional

$x_2 \to$ quantidade em \$ 1.000 diretamente em P1

$x_3 \to$ quantidade em \$ 1.000 diretamente em P2

min. Custo $= 1.000x_1 + 1.000x_2 + 1.000x_3$

$$\text{s.a.} \begin{cases} x_1 \geq 3 \\ 3x_1 + 4x_2 \geq 30 \\ 3x_1 + 10x_3 \geq 30 \\ x_1 + x_2 + x_3 \leq 10 \\ x_1 \geq 0, \ x_2 \geq 0, \ x_3 \geq 0 \end{cases}$$

9. $x_1 \to$ quantidade de MR1 na mistura

$x_2 \to$ quantidade de MR2 na mistura

$x_3 \to$ quantidade de ferro puro na mistura

$x_4 \to$ quantidade de carvão na mistura

$x_5 \to$ quantidade de silício na mistura

$x_6 \to$ quantidade de níquel na mistura

min. Custo $= 0,20x_1 + 0,25x_2 + 0,30x_3 + 0,20x_4 +$ $0,28x_5 + 0,50x_6$

$$\text{s.a.} \begin{cases} 0,6x_1 + 0,7x_2 + x_3 \geq 0,60 \\ 0,6x_1 + 0,7x_2 + x_3 \leq 0,65 \\ 0,2x_1 + 0,2x_2 + x_4 \leq 0,20 \\ 0,2x_1 + 0,2x_2 + x_4 \geq 0,15 \\ 0,2x_1 + 0,05x_2 + x_5 \leq 0,20 \\ 0,2x_1 + 0,05x_2 + x_5 \geq 0,15 \\ 0,05x_2 + x_6 \geq 0,05 \\ 0,05x_2 + x_6 \leq 0,08 \\ x_1 + x_2 + x_3 + x_4 + x_5 + x_6 = 1 \\ x_1 \geq 0, \ x_2 \geq 0,..., x_6 \geq 0 \end{cases}$$

10. $x_{11} \to$ número de viagens do P1 a L1

$x_{12} \to$ número de viagens do P1 a L2

$x_{13} \to$ número de viagens do P1 a L3

$x_{21} \to$ número de viagens do P2 a L1 etc.

min. $K = 30x_{11} + 20x_{12} + 24x_{13} + 18x_{14} + 12x_{21}$ $+ 36x_{22} + 30x_{23} + 24x_{24} + 8x_{31} + 15x_{32} + 25x_{33} +$ $20x_{34}$

$$\text{s.a.} \begin{cases} x_{11} + x_{21} + x_{31} = 5 \\ x_{12} + x_{22} + x_{32} = 8 \\ x_{13} + x_{23} + x_{33} = 4 \\ x_{14} + x_{24} + x_{34} = 10 \\ x_{ij} \geq 0, \ i = 1,2,3, \ j = 1,2,3,4 \end{cases}$$

11. x_m, x_e, x_c são as quantidades a fabricar de mesas, estantes e cadeiras

y_m, y_e, y_c são as quantidades a comprar de mesas, estantes e cadeiras.

min. Custo $= 100x_m + 130x_e + 90x_c + 120y_m +$ $150y_e + 115y_c$

$$\begin{cases} x_m + y_m \geq 1.000 \quad 3x_m + 4x_e + 2x_c \leq 7.600 \\ x_e + y_e \geq 800 \quad\ 3x_m + 5x_e + 0,5x_c \leq 7.000 \\ x_c + y_c \geq 1.200 \quad 0,5x_m + x_e + 2x_c \leq 4.000 \\ x_i, \ y_i \geq 0 \text{ para } i = m, \ e, \ c. \end{cases}$$

12. x_1, x_2, x_3 são as quantidades (em kg) das misturas 1, 2 e 3 no saco de 30 kg da nova ração.

min. Custo $= 0,30x_1 + 0,25x_2 + 0,28x_3$

$$\begin{cases} x_1 + x_2 + x_3 = 30 \\ 0,25\,x_1 + 0,09x_2 + 0,32x_3 \geq 5 \\ 0,20\,x_1 + 0,30x_2 + 0,18x_3 \geq 6 \\ x_i \geq 0 \text{ para } i = 1,2,3. \end{cases}$$

13. x_1, x_2, x_3 são as quantidades de máquinas 1, 2 e 3 alocadas

min. Custo $= 6.960x_1 + 6.072x_2 + 5.619,20x_3$

$$\begin{cases} x_1 \leq 4; x_2 \leq 3; x_3 \leq 1 \\ 1.520x_1 + 1.164x_2 + 950,40x_3 \geq 7.240 \\ x_i \geq 0 \text{ para } i = 1,2,3. \end{cases}$$

14. x_1, x_2, x_3 são as quantidades de máquinas 1, 2 e 3 alocadas.

min. Custo $= 6.960x_1 + 6.072x_2 + 5.619,20x_3 + 2.080$

$$\begin{cases} x_1 \leq 4; x_2 \leq 3; x_3 \leq 1 \\ 1.520x_1 + 1.164x_2 + 950,40x_3 \geq 6.860 \\ x_i \geq 0 \text{ para } i = 1,2,3. \end{cases}$$

15. x_1, x_2, x_3 são as quantidades de máquinas 1, 2 e 3 alocadas.

min. Custo $= 3.448x_1 + 6.072x_2 + 5.619,20x_3$

$$\begin{cases} x_1 \leq 4; x_2 \leq 3; x_3 \leq 1 \\ 776x_1 + 1.164x_2 + 950,40x_3 \geq 7.240 \\ x_i \geq 0 \text{ para } i = 1,2,3. \end{cases}$$

2.2 TÉCNICA DE SOLUÇÃO PARA MODELOS DE PROGRAMAÇÃO LINEAR COM DUAS VARIÁVEIS DE DECISÃO – MÉTODO GRÁFICO

O método gráfico é uma técnica de solução limitada a duas variáveis. Apesar disso, apresenta visualmente o conjunto das muitas soluções do problema, o que é bom para que o estudante entenda este fato, mesmo quando a construção gráfica não é mais possível.

2.2.1 Conceito

Essa técnica consiste em representar num sistema de eixos ortogonais o conjunto das possíveis soluções do problema, isto é, o conjunto de pontos (x_1, x_2) que obedecem ao grupo de restrições impostas pelo sistema em estudo. O desempenho do modelo é avaliado através da representação gráfica da função objetivo. As soluções são classificadas de acordo com sua posição no gráfico.

2.2.2 Gráfico do conjunto de soluções

A representação gráfica de uma equação linear com duas variáveis é uma reta. A representação gráfica de uma inequação linear com duas variáveis é um dos semiplanos definidos pela reta correspondente à equação.

Exemplo 1: Representar graficamente a inequação: $x_1 + 2x_2 \geq 10$

a. Construir a reta correspondente à equação: $x_1 + 2x_2 = 10$ (acompanhe no gráfico)

Precisamos de dois pontos:

fazendo $x_1 = 0$ teremos: $2x_2 = 10 \rightarrow x_2 = 5$

fazendo $x_2 = 0$ teremos: $x_1 = 10$

b. Testar a inequação: $x_1 + 2x_2 \geq 10$

Tomamos um ponto qualquer de uma das regiões limitadas pela reta, por exemplo o ponto $(x_1 = 10, x_2 = 5)$.

Substituindo na inequação:

$10 + 2 \cdot 5 \geq 10$ ou $20 \geq 10$, o que é verdadeiro, portanto a região das soluções da inequação é aquela que contém o ponto testado.

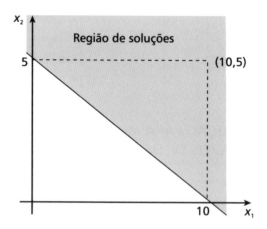

Exemplo 2:

Representar graficamente a solução do sistema:

$x_2 + 3x_2 \leq 12$
$2x_1 + x_2 \geq 16$
$x_1 \geq 0$
$x_2 \geq 0$

Solução:

Vamos representar cada uma das retas correspondentes:

1. $x_1 + 3x_2 = 12$ se $x_1 = 0$, então $0 + 3 \cdot x_2 = 12$. Portanto, $x_2 = 12/3$ ou $x_2 = 4$
    se $x_2 = 0$, então $x_1 + 3 \cdot 0 = 12$. Portanto, $x_1 = 12$
2. $2x_1 + x_2 = 16$ se $x_1 = 0$, então $2 \cdot 0 + x_2 = 16$. Portanto, $x_2 = 16$
    se $x_2 = 0$, então $2 \cdot x_1 + 0 = 16$. Portanto, $x_1 = 16/2$ ou $x_1 = 8$

As restrições de não negatividade $x_1 \geq 0$ e $x_2 \geq 0$ representam o primeiro quadrante do gráfico de soluções.

Gráfico:

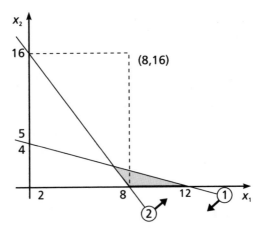

Vamos testar para cada reta qual a região que corresponde à solução da inequação. Para isso escolhemos um ponto fora das retas, por exemplo o ponto (8,16).

1. $x_1 + 3x_2 \leq 12$; substituindo $x_1 = 8, x_2 = 16$, obtém-se:
   $8 + 3 \cdot 16 \leq 12$ ou $56 \leq 12$; a desigualdade é falsa.
   Solução: região oposta. (Vide flecha indicativa.)

2. $2x_1 + x_2 \geq 16$; substituindo $x_1 = 8, x_2 = 16$, obtém-se:
   $2 \cdot 8 + 16 \geq 16$, ou $32 \geq 16$; a desigualdade é verdadeira. (Flecha indicativa da solução na região do ponto testado.)

A região de soluções aparece sombreada no gráfico.

2.2.3 Avaliação do objetivo

Avaliar o desempenho da função objetivo: Maximizar $L = 2x_1 + 5x_2$, na região de soluções do gráfico a seguir.

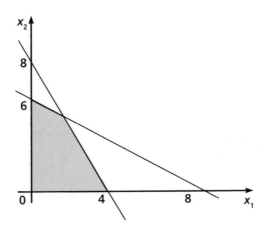

Solução: Escolhemos um valor arbitrário para L, por exemplo, o valor 10.

A equação: $10 = 2x_1 + 5x_2$ fornece o conjunto de pontos (x_1, x_2) que dão para L o valor 10. Vamos representar esses pontos:

$2x_1 + 5x_2 = 10$ se $x_1 = 0$, então $2 \cdot 0 + 5 \cdot x_2 = 10$. Portanto, $x_2 = 10/5$ ou $x_2 = 2$
se $x_2 = 0$, então $2 \cdot x_1 + 5 \cdot 0 = 10$. Portanto, $x_1 = 10/2$ ou $x_1 = 5$

Escolhemos um segundo valor para L, por exemplo, o valor 15, então:

$2x_1 + 5x_2 = 15$ se $x_1 = 0$, então $2 \cdot 0 + 5 \cdot x_2 = 15$. Portanto, $x_2 = 15/5$ ou $x_2 = 3$
se $x_2 = 0$, então $2 \cdot x_1 + 5 \cdot 0 = 15$. Portanto, $x_1 = 15/2$ ou $x_1 = 7,5$

Graficamente, teremos:

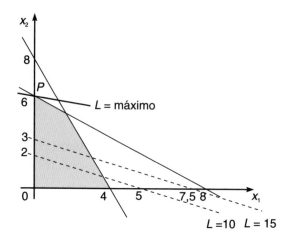

Verificamos do gráfico que:

1. À medida que atribuirmos valores a L, obtemos retas paralelas.
2. À medida que o valor de L aumenta, a reta se afasta da origem do sistema de eixos.

Podemos concluir que pelo ponto P do gráfico teremos a paralela de maior valor que ainda apresenta um ponto na região de soluções. Portanto, o ponto P é a solução que maximiza L na região de soluções dadas.

Como $P = (0,6)$ e $L = 2x_1 + 5x_2$, substituindo $x_1 = 0$, $x_2 = 6$ teremos:

$L = 2 \cdot 0 + 5 \cdot 6$ ou $L_{máximo} = 30$.

2.2.4 Método gráfico

Exemplo 1:

Resolver o problema de programação linear:

minimizar $Z = 2x_1 + 3x_2$

sujeito às restrições: $\begin{cases} x_1 + x_2 \geq 5 \\ 5x_1 + x_2 \geq 10 \\ x_1 \leq 8 \\ x_1 \geq 0 \\ x_2 \geq 0 \end{cases}$

Solução:

a. Construir a região de soluções das restrições:

1. $x_1 + x_2 = 5$ se $x_1 = 0$, então $0 + x_2 = 5$ ou $x_2 = 5$
   se $x_2 = 0$, então $x_1 + 0 = 5$ ou $x_1 = 5$
2. $5x_1 + x_2 = 10$ se $x_1 = 0$, então $5 \cdot 0 + x_2 = 10$ ou $x_2 = 10$
   se $x_2 = 0$, então $5 \cdot x_1 + 0 = 10$ ou $x_1 = 10/5$ ou $x_1 = 2$
3. $x_1 = 8$ A representação gráfica é uma reta paralela ao eixo x_2 pelo ponto $x_1 = 8$.

No gráfico:

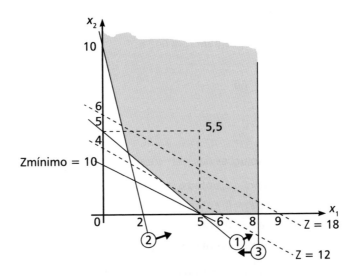

Tomando-se o ponto (5,5) para o teste da região de solução de cada uma das inequações, temos, substituindo os valores $x_1 = 5$ e $x_2 = 5$:

1. $x_1 + x_2 \geq 5$, então $5 + 5 \geq 5$ ou $10 \geq 5$. A desigualdade é verdadeira – flecha em ① para a região do ponto testado.
2. $5x_1 + x_2 \geq 10$, então $5 \cdot 5 + 5 \geq 10$ ou $30 \geq 10$. A desigualdade é verdadeira – flecha em ② para a região do ponto testado.

18 Capítulo 2

3. $x_1 \leq 8$ substituindo $x_1 = 5$, teremos $5 \leq 8$. A desigualdade é verdadeira – flecha em ③ para a região do ponto (5,5).

A região resultante está sombreada na figura.

b. Avaliar o desempenho da função objetivo.

Arbitramos dois valores para Z, por exemplo: $Z = 12$ e $Z = 18$.

Para $Z = 12$, teremos:

$2x_1 + 3x_2 = 12$ se $x_1 = 0$, então $2 . 0 + 3 . x_2 = 12$ ou $x_2 = 4$
se $x_2 = 0$, então $2 . x_1 + 3 . 0 = 12$ ou $x_1 = 6$

Para $Z = 18$, teremos:

$2x_1 + 3x_2 = 18$ se $x_1 = 0$, então $2 . 0 + 3 . x_2 = 18$ ou $x_2 = 6$
se $x_2 = 0$, então $2 . x_1 + 3 . 0 = 18$ ou $x_1 = 9$

Conclusão: (verifique no gráfico) À medida que diminuímos o valor de Z, obtemos retas paralelas mais próximas da origem. Portanto, o ponto da região de soluções com o menor valor de Z é o ponto (5,0).

Resposta: Ponto de mínimo: $x_1 = 5$, $x_2 = 0$. Valor mínimo $= 2 . 5 + 3 . 0 = 10$.

Exemplo 2

Resolver o problema de programação linear:

MAX $L = 2x_1 + 3x_2$

sujeito a: $\begin{cases} 4x_1 + 6x_2 \leq 60 \\ x_1 + x_2 \geq 12 \\ x_1 \geq 0, x_2 \geq 0 \end{cases}$

a. Construir a região de soluções das restrições.

1. $4x_1 + 6x_2 = 60$ se $x_1 = 0$, então $6 . x_2 = 60$ ou $x_2 = 10$
se $x_2 = 0$, então $4 . x_1 = 60$ ou $x_1 = 15$
2. $x_1 + x_2 = 12$ se $x_1 = 0$, então $x_2 = 12$
se $x_2 = 0$, então $x_1 = 12$

Teste de região de soluções usando o ponto ($x_1 = 15, x_2 = 12$).

1. $4x_1 + 6x_2 \leq 60$ substituindo os valores de $x_1 = 15$, $x_2 = 12$, obtemos $4 . 15 + 6 . 12 \leq 60$ ou $132 \leq 60$, o que é falso.

A solução é a região oposta ao ponto testado.
2. $x_1 + x_2 \geq 12$ substituindo os valores de $x_1 = 15, x_2 = 12$, obtemos $15 + 12 \geq 12$ ou $27 \geq 12$, o que é verdadeiro.

A solução é a região do ponto testado.

b. Avaliar o objetivo na região de soluções:

Atribuímos dois valores para L:

$L = 24$, então $2x_1 + 3x_2 = 24$ se $x_1 = 0$, então $x_2 = 8$
                                    se $x_2 = 0$, então $x_1 = 12$
$L = 45$, então $2x_1 + 3x_2 = 45$ se $x_1 = 0$, então $x_2 = 15$
                                    se $x_2 = 0$, então $x_1 = 22,5$

Gráfico:

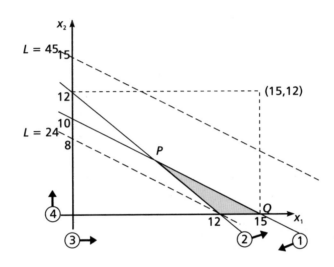

Examinando o gráfico, concluímos que L atinge o maior valor na região de soluções sobre a reta ①. Portanto, todos os pontos do segmento PQ são soluções ótimas do modelo.

Por exemplo: O ponto Q: $x_1 = 15$
                            $x_2 = 0$
                            $L = 2 \cdot 15 + 3 \cdot 0 = 30$

é uma das soluções ótimas.

EXERCÍCIOS (LISTA 2)

1. Resolver graficamente o modelo de programação linear:

1.1. Maximizar LUCRO = $2x_1 + 3x_2$

Sujeito a: $\begin{cases} -x_1 + 2x_2 \leq 4 \\ x_1 + 2x_2 \leq 6 \\ x_1 + 3x_2 \leq 9 \\ x_1 \geq 0; \ x_2 \geq 0 \end{cases}$

1.2. Maximizar RECEITA = $0,3x_1 + 0,5x_2$

Sujeito a: $\begin{cases} 2x_1 + x_2 \leq 2 \\ x_1 + 3x_2 \leq 3 \\ x_1 \geq 0; \ x_2 \geq 0 \end{cases}$

1.3. Maximizar LUCRO = $2x_1 + 3x_2$

20 Capítulo 2

$$\text{Sujeito a: } \begin{cases} x_1 + 3x_2 \le 9 \\ -x_1 + 2x_2 \le 4 \\ x_1 + x_2 \le 6 \\ x_1 \ge 0; \ x_2 \ge 0 \end{cases}$$

1.4. Minimizar CUSTO = $10x_1 + 12x_2$

$$\text{Sujeito a: } \begin{cases} x_1 + x_2 \le 20 \\ x_1 + x_2 \ge 10 \\ 5x_1 + 6x_2 \ge 54 \\ x_1 \ge 0; \ x_2 \ge 0 \end{cases}$$

1.5. Minimizar $Z = 7x_1 + 9x_2$

$$\text{Sujeito a: } \begin{cases} -x_1 + x_2 \le 2 \\ x_1 \le 5 \\ x_2 \le 6 \\ 3x_1 + 5x_2 \ge 15 \\ 5x_1 + 4x_2 \ge 20 \\ x_1 \ge 0; \ x_2 \ge 0 \end{cases}$$

2. Resolva o problema 1 da lista 1. Qual a ociosidade de recursos na solução ótima?

3. Resolva o problema 2 da lista 1. Qual a ociosidade de recursos na solução ótima?

4. Resolva o problema 3 da lista 1.

5. Resolva o problema 4 da lista 1.

6. Resolva o problema 5 da lista 1. Existe disponibilidade de recursos na solução ótima?

7. Duas fábricas produzem 3 diferentes tipos de papel. A companhia que controla as fábricas tem um contrato para produzir 16 toneladas de papel fino, 6 toneladas de papel médio e 28 toneladas de papel grosso. Existe uma demanda para cada tipo de espessura. O custo de produção na primeira fábrica é de 1.000 u.m. e o da segunda fábrica é de 2.000 u.m., por dia. A primeira fábrica produz 8 toneladas de papel fino, 1 tonelada de papel médio e 2 toneladas de papel grosso por dia, enquanto a segunda fábrica produz 2 toneladas de papel fino, 1 tonelada de papel médio e 7 toneladas de papel grosso. Quantos dias cada fábrica deverá operar para suprir os pedidos mais economicamente?

8. Uma companhia de transporte tem dois tipos de caminhões: O tipo "A" tem 2 m³ de espaço refrigerado e 3 m³ de espaço não refrigerado; o tipo "B" tem 2 m³ de espaço refrigerado e 1 m³ de não refrigerado. O cliente quer transportar um produto que necessita 16 m³ de área refrigerada e 12 m³ de área não refrigerada. A companhia calcula em 1.100 l o combustível para uma viagem com o caminhão "A" e 750 l para o caminhão "B". Quantos caminhões de cada tipo deverão ser usados no transporte do produto, com o menor consumo de combustível.

9. Uma companhia fabrica dois produtos $P1$ e $P2$ que utilizam os mesmos recursos produtivos: matéria-prima, forja e polimento. Cada unidade de $P1$ exige 4 horas de forjaria, 2 h de polimento e utiliza 100 u. de matéria-prima. Cada unidade de $P2$ requer 2 horas de forjaria, 3 h de polimento e 200 u. de matéria-prima. O preço de venda de $P1$ é 1.900 u.m. e de $P2$, 2.100 u.m. Toda produção tem mercado garantido. As disponibilidades são de: 20 h de forja; 10 h de polimento e 500 unidades de matéria-prima, por dia.

a) Determinar as quantidades a produzir de $P1$ e $P2$ que otimizem a receita diária dos produtos.

b) Suponha que os custos dos insumos sejam:

matéria-prima   1 u.m. por unidade

forjaria   150 u.m. por hora

polimento   100 u.m. por hora

Qual o plano de produção que maximiza o lucro diário?

10. Uma refinaria produz gasolina e óleo *diesel* a partir de petróleo. A obtenção de gasolina envolve 3 operações: destilação atmosférica, dessulfuração e *reforming* catalítico. Para o óleo *diesel* as operações são: destilação atmosférica, dessulfuração e craqueamento catalítico. Os reservatórios nos quais essas operações são processadas têm capacidade limitada. Tem-se um reservatório especial para cada operação acima citada, e suas capacidades anuais estão na tabela:

Reservatórios	Gasolina (t/ano)	Óleo *diesel* (t/ano)
Destilação atmosférica	500.000	600.000
Dessulfuração	700.000	500.000
Reforming catalítico	400.000	----
Craqueamento catalítico	----	450.000

Qual o plano anual de produção que maximiza o lucro da refinaria para esses produtos, se os lucros por tonelada são: gasolina: 7 u.m.; óleo *diesel*: 5 u.m.?

RESPOSTAS (LISTA 2)

1.1. $x_1 = 6$
$x_2 = 0$
Lucro = 12

1.2. $x_1 = 0,60$
$x_2 = 0,80$
Receita = 0,58

1.3. $x_1 = 4,5$
$x_2 = 1,5$
Lucro = 13,5

1.4. $x_1 = 10,8$
$x_2 = 0$
Custo = 108

1.5. $x_1 = 40/13$
$x_2 = 15/13$
$Z = 415/13$

2. sapatos: 3
cintos: 0
Lucro = 15 tempo: 30 min.
Recursos ociosos – tempo: 30 min.

3. $P1$: 15 unidades
$P2$: 30 unidades
Lucro = 6.000
Recursos ociosos – mercado de $P1$: 25 unidades

4. Laranjas: 200 caixas
Pêssegos: 400 caixas
Tangerinas: 200 caixas
Lucro: 14.000

5. Programa A: 3 vezes
Programa B: 2 vezes
Telespectadores: 110.000

6. Cinto de M1: 200 unidades
Cinto de M2: 600 unidades
Receita: 2.600
Recursos ociosos   fivela A: 200
fivela B: 100

7. Fábrica 1: 2,80 dias
Fábrica 2: 3,20 dias
Custo: 9.200

8. Caminhão Tipo A: 2 viagens
Caminhão Tipo B: 6 viagens
Gasto combustível = 6.700 l

9. a) $P1 = 5$ unidades
$P2 = 0$ unidades
Receita = 9.500
b) $P1$: 5 unidades
$P2$: 0 unidades
Lucro = 5.000

10. Gasolina: 400.000 t/ano
Óleo *diesel*: 120.000 t/ano
Lucro: 3.400.000

Noções sobre Espaço Vetorial 3

Para trabalhar com mais de duas variáveis, precisamos extrapolar o conceito de vértice como vimos até agora. Se para duas variáveis o vértice é dado pela solução do sistema de duas equações, para 3 variáveis será a solução de um sistema de três equações. Para quatro, idem. Precisamos de um processo geral de solução chamado método SIMPLEX, que depende do conhecimento de conceitos como variáveis básicas e não básicas. Esse capítulo tem a finalidade de apresentar esses conceitos.

3.1 INTRODUÇÃO

Observe os seguintes conjuntos:

R – conjunto dos números reais.

R^2 – conjunto dos pares ordenados de números reais: (3,5), (6,– 2), (1,0) etc.

R^3 – conjunto das ternas ordenadas de números reais: (1,3,8), (2,4,0) etc.

.

.

.

R^n – conjunto das n-uplas (ênuplas) ordenadas de números reais $(x_1, x_2, ..., x_n)$ onde x_i é um número real qualquer.

Podemos definir nesses conjuntos duas operações:

■ Adição:

$$(x_1, x_2, ..., x_n) + (y_1, y_2, ..., y_n) = (x_1 + y_1, x_2 + y_2, ..., x_n + y_n)$$

Ex.: $(3,4) + (2,5) = (3 + 2, 4 + 5) = (5,9)$

Noções sobre Espaço Vetorial **23**

- Multiplicação de uma n-upla por um número real K:

$K . (x_1,x_2,...,x_n) = (Kx_1,Kx_2,...,Kx_n)$

Ex.: $5 . (1,4,-3) = (5 . 1, 5 . 4, 5 . (-3)) = (5,20,-15)$

Cada um desses conjuntos, munido dessas duas operações, compõe uma estrutura matemática chamada espaço vetorial. Os elementos dos conjuntos são chamados vetores, e podem ser escritos na forma de linhas ou colunas.

$(2,4)$ – vetor do R^2

$$\begin{pmatrix} 3 \\ 5 \end{pmatrix}$$ – vetor do R^2

$(2,-1,0)$ – vetor do R^3

$$\begin{pmatrix} 3 \\ -1 \\ 8 \end{pmatrix}$$ – vetor do R^3 etc.

Dois vetores são iguais quando têm exatamente os mesmos elementos na mesma ordem:

Se $(x_1,x_2) = (3,8)$, então $x_1 = 3$ e $x_2 = 8$.

Combinação linear de vetores

Dado um grupo de vetores de um espaço, podemos multiplicar cada um deles por um número qualquer e em seguida somar os resultados. O vetor obtido nessa operação é uma combinação linear dos vetores dados:

Ex.: Dados os vetores $(3,2,1)$ e $(6,4,9)$,

$4 . (3,2,1) + 5 . (6,4,9) = (12,8,4) + (30,20,45) = (42,28,49)$ é uma combinação linear dos vetores dados.

$-2 . (3,2,1) + 1 . (6,4,9) = (-6,-4,-2) + (6,4,9) = (0,0,7)$ é uma outra combinação linear desses vetores.

Exercício 1:

Mostrar que o vetor $(11,18)$ pode ser escrito como combinação linear dos vetores $(3,4)$ e $(1,2)$.

Solução: Vamos procurar os números x_1 e x_2 para montar a combinação linear que resulte no vetor $(11,18)$.

$$x_1 . (3,4) + x_2 . (1,2) = \begin{pmatrix} 3 \\ 4 \end{pmatrix} x_1 + \begin{pmatrix} 1 \\ 2 \end{pmatrix} x_2 = \begin{pmatrix} 11 \\ 18 \end{pmatrix}$$

ou $\begin{pmatrix} 3x_1 \\ 4x_1 \end{pmatrix} + \begin{pmatrix} 1x_2 \\ 2x_2 \end{pmatrix} = \begin{pmatrix} 11 \\ 18 \end{pmatrix}$ ou $\begin{pmatrix} 3x_1 + 1x_2 \\ 4x_1 + 2x_2 \end{pmatrix} = \begin{pmatrix} 11 \\ 18 \end{pmatrix}$, então

$$\begin{cases} 3x_1 + 1x_2 = 11 \\ 4x_1 + 2x_2 = 18 \end{cases}$$

Para resolver o sistema, vamos multiplicar a primeira equação por – 4, e a segunda equação por 3 (coeficientes de x_1 trocados).

$$-12x_1 - 4x_2 = -44$$
$$\underline{12x_1 + 6x_2 = 54}$$

Soma $\quad\quad\quad 2x_2 = 10$, portanto: $x_2 = \dfrac{10}{2} = 5$

Substituindo o valor $x_2 = 5$ na primeira equação obtém-se:

$3x_1 + 5 = 11$ ou $3x_1 = 6$ ou $x_1 = \dfrac{6}{3} = 2$

Conclusão: o vetor (11,18) pode ser escrito como combinação linear dos vetores (3,4) e (1,2), com coeficientes $x_1 = 2$ e $x_2 = 5$:

$2 . (3,4) + 5 . (1,2) = (11,18)$

Exercício 2:

Mostrar que o vetor (3,4) não pode ser escrito como combinação linear dos vetores (1,2) e (4,8).

Solução: Vamos procurar os números x_1 e x_2 para montar a combinação linear:

$$\begin{pmatrix} 1 \\ 2 \end{pmatrix} x_1 + \begin{pmatrix} 4 \\ 8 \end{pmatrix} x_2 = \begin{pmatrix} 3 \\ 4 \end{pmatrix}$$

ou $\begin{pmatrix} 1x_1 \\ 2x_1 \end{pmatrix} + \begin{pmatrix} 4x_2 \\ 8x_2 \end{pmatrix} = \begin{pmatrix} 3 \\ 4 \end{pmatrix}$ ou $\begin{pmatrix} 1x_1 + 4x_2 \\ 2x_1 + 8x_2 \end{pmatrix} = \begin{pmatrix} 3 \\ 4 \end{pmatrix}$

Isso resulta no sistema: $\begin{cases} 1x_1 + 4x_2 = 3 \\ 2x_1 + 8x_2 = 4 \end{cases}$

Multiplicando a primeira equação por – 2 (coeficiente de x_1 na segunda equação, teremos:

$$-2x_1 - 8x_2 = -6$$
$$\underline{2x_1 + 8x_2 = 4}$$

Soma $\quad\quad 0x_2 = -2$

a equação é inconsistente, portanto o sistema não tem solução.

Conclusão: O vetor (3,4) não pode ser escrito como combinação linear dos vetores (1,2) e (4,8), pois não existem números x_1 e x_2 necessários para compor essa combinação linear.

Noções sobre Espaço Vetorial **25**

3.2 BASE DE UM ESPAÇO VETORIAL

Se um vetor não pode ser escrito como combinação linear de um grupo de vetores, dizemos que ele é linearmente independente dos vetores do grupo.

Quando dizemos que um conjunto de vetores é linearmente independente, estamos afirmando que cada um dos vetores é linearmente independente dos outros.

> **Base do espaço R^n é um conjunto de n vetores do R^n, linearmente independentes.**

Ex.: Base do R^2; conjunto de 2 vetores do R^2, independentes

Base do R^3; conjunto de 3 vetores do R^3, independentes

Base do R^6; conjunto de 6 vetores do R^6, independentes

A base de um espaço vetorial é um gerador do espaço, isto é, qualquer vetor do espaço pode ser obtido como combinação linear dos vetores da base.

A combinação linear para gerar um vetor a partir da base resulta num sistema de equações que tem sempre solução única.

3.3 SOLUÇÃO BÁSICA DE UM SISTEMA DE EQUAÇÕES LINEARES

Vamos partir de um exemplo. Observe o sistema linear:

$$\begin{cases} x_1 + 3x_2 + 4x_3 - x_4 = 10 \\ 2x_1 + x_2 - x_3 + 2x_4 = 5 \end{cases}$$

que pode ser escrito na forma:

$$\begin{pmatrix} 1 \\ 2 \end{pmatrix} x_1 + \begin{pmatrix} 3 \\ 1 \end{pmatrix} x_2 + \begin{pmatrix} 4 \\ -1 \end{pmatrix} x_3 + \begin{pmatrix} -1 \\ 2 \end{pmatrix} x_4 = \begin{pmatrix} 10 \\ 5 \end{pmatrix}$$

Os vetores que aparecerem nas colunas são vetores do R^2. Uma base do R^2 é constituída de dois vetores linearmente independentes.

Uma solução básica do sistema pode ser obtida zerando-se 2 variáveis, por exemplo, $x_3 = 0$ e $x_4 = 0$, reduzindo o sistema a uma base de 2 vetores: (1,2) e (3,1).

$$\begin{pmatrix} 1 \\ 2 \end{pmatrix} x_1 + \begin{pmatrix} 3 \\ 1 \end{pmatrix} x_2 = \begin{pmatrix} 10 \\ 5 \end{pmatrix}$$

Resolvendo o sistema obtido, teremos:

$$\begin{cases} x_1 + 3x_2 = 10 \\ 2x_1 + x_2 = 5 \end{cases} \text{ou}$$

26 Capítulo 3

$$-2x_1 - 6x_2 = -20$$
$$\underline{2x_1 + x_2 = 5}$$

soma: $\quad -5x_2 = -15 \ $ ou $\ x_2 = \dfrac{-15}{-5} \ $ ou $x_2 = 3$

substituindo na primeira equação: $x_1 + (3.3) = 10$ ou $x_1 = 10 - 9$ ou $x_1 = 1$.

A solução básica será, portanto:

$$x_1 = 1, x_2 = 3, x_3 = 0, x_4 = 0$$

Outra solução básica é obtida fazendo, por exemplo $x_1 = 0$ e $x_3 = 0$, reduzindo o sistema à base formada pelos vetores: $(3,1)$ e $(-1,2)$:

$$\binom{3}{1} x_2 + \binom{-1}{2} x_4 = \binom{10}{5}$$

Resolvendo o sistema correspondente:

$$\begin{cases} 3x_2 - x_4 = 10 \\ 1x_2 + 2x_4 = 5 \end{cases}$$

$$3x_2 - x_4 = 10$$
$$\underline{-3x_2 - 6x_4 = -15}$$

soma: $\quad -7x_4 = -5 \ $ ou $\ x_4 = \dfrac{-5}{-7} \ $ ou $x_4 = \dfrac{5}{7}$

Substituindo na primeira equação, teremos:

$3x_2 - 5/7 = 10$ ou, multiplicando por 7, $21x_2 - 5 = 70$ ou $21x_2 = 75$ ou $x_2 = 75/21$

$x_1 = 0, x_2 = \dfrac{75}{21}, x_3 = 0, x_4 = \dfrac{5}{7}$, é a solução básica neste caso.

O exemplo apresenta seis soluções básicas, no total.

3.4 PROBLEMA FUNDAMENTAL DA PROGRAMAÇÃO LINEAR

Dado o modelo em Programação Linear com duas variáveis de decisão:

maximizar $Z = 2x_1 + 3x_2$

sujeito às restrições técnicas $\begin{cases} x_1 + 5x_2 \leq 20 \\ 2x_1 + x_2 \leq 10 \end{cases}$

e às restrições de não negatividade $\begin{cases} x_1 \geq 0 \\ x_2 \geq 0 \end{cases}$

a) Construir a região de soluções do modelo.
b) Transformar o sistema de inequações num sistema de equações com variáveis não negativas.
c) Mostrar que as soluções básicas do sistema de equações obtido são os vértices da região de soluções do modelo.

Solução:

a. Região de soluções do modelo:

1) $x_1 + 5x_2 = 20$ $\begin{cases} \text{Se } x_1 = 0 \text{ então } x_2 = 4 \\ \text{Se } x_2 = 0 \text{ então } x_1 = 20 \end{cases}$

2) $2x_1 + x_2 = 10$ $\begin{cases} \text{Se } x_1 = 0 \text{ então } x_2 = 10 \\ \text{Se } x_2 = 0 \text{ então } x_1 = 5 \end{cases}$

Representando graficamente cada uma das retas e testando um ponto, por exemplo (20,10), para determinar a região de soluções de cada inequação, teremos:

Na primeira inequação: 20 + 5 . 10 = 70 $\leq$ 20, o que é falso (flecha para região contrária à do ponto testado).

Na segunda inequação: 2 . 20 + 10 = 50 $\leq$ 20, o que é falso (idem).

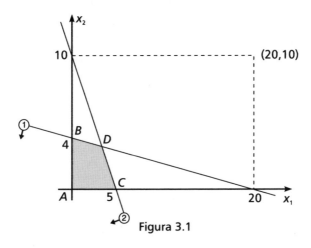

Figura 3.1

b. Transformar o sistema de inequações num sistema de equações com variáveis não negativas.

Para isso, introduziremos em cada uma das duas primeiras inequações as variáveis xF_1 e xF_2, que representam as folgas das inequações 1 e 2, isto é, a diferença entre o segundo e o primeiro membro dessas inequações.

1) $x_1 + 5x_2 \leq 20$. Então: $xF_1 = 20 - (x_1 + 5x_2)$, ou $x_1 + 5x_2 + xF_1 = 20$
2) $2x_1 + x_2 \leq 10$. Então: $xF_2 = 10 - (2x_1 + x_2)$, ou $2x_1 + x_2 + xF_2 = 10$

28 Capítulo 3

As variáveis xF_1 e xF_2 não podem ser negativas, pois são calculadas por uma diferença em que o primeiro termo nunca é menor que o segundo termo da equação.

Isto resulta no sistema de equações com variáveis não negativas:

$$\begin{cases} x_1 + 5x_2 + xF_1 = 20 \\ 2x_1 + x_2 + xF_2 = 10 \end{cases}$$
$$x_1 \geq 0, \ x_2 \geq 0, \ xF_1 \geq 0, \ xF_2 \geq 0$$

c. Mostrar que as soluções básicas do sistema de equações com variáveis não negativas, obtidas no item *b*, são vértices do polígono de soluções, obtido em *a*.

O sistema: $\begin{cases} x_1 + 5x_2 + xF_1 = 20 \\ 2x_1 + x_2 + xF_2 = 10 \end{cases}$

$$x_1 \geq 0, \ x_2 \geq 0, \ xF_1 \geq 0, \ xF_2 \geq 0$$

Pode ser escrito:

$$\begin{pmatrix} 1 \\ 2 \end{pmatrix} x_1 + \begin{pmatrix} 5 \\ 1 \end{pmatrix} x_2 + \begin{pmatrix} 1 \\ 0 \end{pmatrix} xF_1 + \begin{pmatrix} 0 \\ 1 \end{pmatrix} xF_2 = \begin{pmatrix} 20 \\ 10 \end{pmatrix}$$

Os vetores que compõem o sistema são do R^2. Uma base do R^2 tem 2 vetores linearmente independentes. Uma solução básica pode ser obtida zerando 2 variáveis.

Vamos zerar as variáveis na ordem da esquerda para a direita:

c1. $x_1 = 0$ e $x_2 = 0$. **Base (1,0) e (0,1)**

Resulta no sistema:

$$\begin{pmatrix} 1 \\ 0 \end{pmatrix} xF_1 + \begin{pmatrix} 0 \\ 1 \end{pmatrix} xF_2 = \begin{pmatrix} 20 \\ 10 \end{pmatrix}$$

ou $\begin{cases} xF_1 + 0xF_2 = 20 \\ 0xF_1 + xF_2 = 10 \end{cases}$ de onde $xF_1 = 20$ e $xF_2 = 10$

Solução básica: $\quad x_1 = 0 \quad xF_1 = 20$
$$x_2 = 0 \quad xF_2 = 10$$

Nessa solução $x_1 = 0$ e $x_2 = 0$, que corresponde ao vértice *A* do gráfico de soluções (vide Figura 3.1).

c2. $x_1 = 0$ e $xF_1 = 0$. **Base (5,1) e (0,1)**

Sistema: $\begin{pmatrix} 5 \\ 1 \end{pmatrix} x_2 + \begin{pmatrix} 0 \\ 1 \end{pmatrix} xF_2 = \begin{pmatrix} 20 \\ 10 \end{pmatrix}$

$$\text{ou} \begin{cases} 5x_2 + 0xF_2 = 20 \\ 1x_2 + 1xF_2 = 10 \end{cases} \text{de onde} \begin{cases} x_2 = \dfrac{20}{5} = 4 \\ xF_2 = 10 - 4 = 6 \end{cases}$$

Solução básica: $\quad x_1 = 0 \quad xF_1 = 0$
$$x_2 = 4 \quad xF_2 = 6$$

Nessa solução $x_1 = 0$ e $x_2 = 4$, que corresponde ao vértice B do gráfico de soluções.

c3. $x_1 = 0$ e $xF_2 = 0$. **Base (5,1) e (1,0)**

Sistema: $\begin{pmatrix} 5 \\ 1 \end{pmatrix} x_2 + \begin{pmatrix} 1 \\ 0 \end{pmatrix} xF_1 = \begin{pmatrix} 20 \\ 10 \end{pmatrix}$

$$\text{ou} \begin{cases} 5x_2 + 1xF_1 = 20 \\ 1x_2 + 0xF_1 = 10 \end{cases} \text{de onde } x_2 = 10 \text{ e } xF_1 = 20 - 50 = -30$$

A solução básica: $\quad x_1 = 0 \quad xF_1 = -30$
$$x_2 = 10 \quad xF_2 = 0,$$

possui uma variável negativa. Isso indica um ponto fora do polígono de soluções do modelo. Ponto (0,10) (vide Figura 3.1).

c4. $x_2 = 0$ e $xF_1 = 0$. **Base (1,2) e (0,1)**

Sistema: $\begin{pmatrix} 1 \\ 2 \end{pmatrix} x_1 + \begin{pmatrix} 0 \\ 1 \end{pmatrix} xF_2 = \begin{pmatrix} 20 \\ 10 \end{pmatrix}$

$$\text{ou} \begin{cases} x_1 + 0xF_2 = 20 \\ 2x_1 + xF_2 = 10 \end{cases} \text{de onde } x_1 = 20 \text{ e } xF_2 = 10 - 40 = -30$$

Solução básica: $\quad x_1 = 20 \quad xF_1 = 0$
$$x_2 = 0 \quad xF_2 = -30,$$

possui uma variável negativa. O que indica um ponto fora do polígono de soluções do modelo. Ponto (20,0).

c5. $x_2 = 0$ e $xF_2 = 0$. **Base (1,2) e (1,0)**

Sistema: $\begin{pmatrix} 1 \\ 2 \end{pmatrix} x_1 + \begin{pmatrix} 1 \\ 0 \end{pmatrix} xF_1 = \begin{pmatrix} 20 \\ 10 \end{pmatrix}$

$$\text{ou} \begin{cases} x_1 + xF_1 = 20 \\ 2x_1 + 0xF_1 = 10 \end{cases} \text{de onde } x_1 = \dfrac{10}{2} = 5 \text{ e } xF_1 = 20 - 5 = 15$$

30 Capítulo 3

A solução básica: $x_1 = 5$ $xF_1 = 15$
$x_2 = 0$ $xF_2 = 0$

O ponto $x_1 = 5$, $x_2 = 0$ corresponde ao vértice C do polígono de soluções do modelo.

c6. $xF_1 = 0$ **e** $xF_2 = 0$. **Base (1,2) e (5,1)**

Sistema: $\begin{pmatrix} 1 \\ 2 \end{pmatrix} x_1 + \begin{pmatrix} 5 \\ 1 \end{pmatrix} x_2 = \begin{pmatrix} 20 \\ 10 \end{pmatrix}$

ou $\begin{cases} x_1 + 5x_2 = 20 \\ 2x_1 + x_2 = 10 \end{cases}$ ou

soma: $\dfrac{\begin{array}{c} -2x_1 - 10x_2 = -40 \\ 2x_1 + x_2 = 10 \end{array}}{-9x_2 = -30}$ ou $x_2 = \dfrac{30}{9}$

substituindo na primeira equação $x_2 = \dfrac{30}{9}$, obtém-se $x_1 = \dfrac{30}{9}$

Solução básica: $x_1 = 30/9$ $xF_1 = 0$
$x_2 = 30/9$ $xF_2 = 0$

Corresponde ao vértice D do polígono de soluções.

3.5   OBSERVAÇÕES SOBRE O PROBLEMA FUNDAMENTAL DA PROGRAMAÇÃO LINEAR

Para transformar uma inequação do tipo $\geq$ devemos subtrair a folga xF, para que seu valor fique não negativo:

Ex.: $2x_1 + 4x_2 \geq 12$. Então:

$xF = (2x_1 + 4x_2) - 12$ ou $2x_1 + 4x_2 - xF = 12$

O exame da figura obtida na solução gráfica indica que o valor ótimo procurado só pode ocorrer nos vértices do polígono de soluções do modelo. Qualquer ponto interno ao polígono tem reta do objetivo que admite retas paralelas nos dois semiplanos possíveis, ainda com pontos dentro do polígono de soluções, o que mostra pontos do polígono com valores maiores ou menores do objetivo. (Veja figura a seguir.)

O ponto P interno da região de soluções não pode ser ponto máximo ou mínimo.

Essa conclusão sugere uma nova técnica para resolver modelos em programação linear:

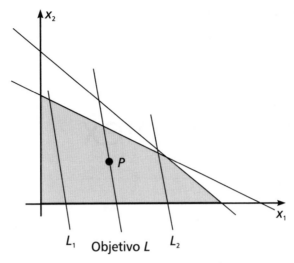

- Calcular os vértices do polígono de soluções através das soluções básicas do sistema de equações com variáveis não negativas.
- Testar o objetivo em cada uma das soluções básicas e escolher o ponto mais favorável. Esse ponto será, portanto, a solução ótima do modelo.

Podemos estender o raciocínio para modelos com mais de duas variáveis, onde não é mais possível a solução gráfica. Os candidatos a pontos ótimos do modelo são dados pelas soluções básicas do sistema de equações, o que pode ser calculado qualquer que seja o número de variáveis envolvidas.

Para um problema com muitas variáveis, o cálculo de todas as soluções básicas requer um grande esforço computacional. Isso pode ser evitado com o auxílio de um método que, a partir de uma solução básica inicial, escolha as outras soluções para teste, formando um caminho crítico (caminho mais curto) até a solução ótima. O método, neste caso, é chamado *simplex*. Ele reduz consideravelmente o número de soluções básicas a calcular.

Método Simplex

4

> Os modelos de programação linear mostraram-se ferramentas poderosas para a busca de procedimentos que melhorassem o desempenho de um sistema. Entretanto, o encontro de soluções para sistemas de equações muito grandes é muito trabalhoso. Surge, então, o MÉTODO SIMPLEX, que reduz os cálculos e que pode ser programado em computador.

4.1 APRESENTAÇÃO

Esse método é formado por um grupo de critérios para escolha de soluções básicas que melhorem o desempenho do modelo, e também de um teste de otimalidade. Para isso, o problema deve apresentar uma solução básica inicial. As soluções básicas subsequentes são calculadas com a troca de variáveis básicas por não básicas, gerando novas soluções.

Os critérios para escolha de vetores e consequentemente das variáveis que entram e saem para a formação da nova base constituem o centro do simplex.

Suponhamos inicialmente que o modelo apresente uma solução básica inicial. Os modelos com restrições do tipo $\leq$ e com termos da direita não negativos têm uma solução básica formada pelas variáveis de folga.

Exemplo:

No modelo:

maximizar $z = 3x_1 + 5x_2$

sujeito a:
$$\begin{cases} 2x_1 + 4x_2 \leq 10 \\ 6x_1 + x_2 \leq 20 \\ x_1 - x_2 \leq 30 \\ x_1 \geq 0, \ x_2 \geq 0 \end{cases}$$

Acrescentando as variáveis de folga nas restrições:

$$\begin{cases} 2x_1 + 4x_2 + xF_1 = 10 \\ 6x_1 + x_2 + xF_2 = 20 \\ x_1 - x_2 + xF_3 = 30 \\ x_1 \geq 0, \ x_2 \geq 0, \ xF_1 \geq 0, \ xF_2 \geq 0, \ xF_3 \geq 0 \end{cases}$$

Podemos visualizar uma solução formada pelas variáveis de folga.

Basta fazer $x_1 = 0$ e $x_2 = 0$ e teremos: $xF_1 = 10, xF_2 = 20, xF_3 = 30$.

Ou escrevendo na forma de vetores:

$$\begin{bmatrix} 1 \\ 0 \\ 0 \end{bmatrix} xF_1 + \begin{bmatrix} 0 \\ 1 \\ 0 \end{bmatrix} xF_2 + \begin{bmatrix} 0 \\ 0 \\ 1 \end{bmatrix} xF_3 = \begin{bmatrix} 10 \\ 20 \\ 30 \end{bmatrix}$$

Os vetores do primeiro membro constituem uma base do R^3, e a solução neste caso é uma solução básica inicial: $x_1 = 0, x_2 = 0, xF_1 = 10, xF_2 = 20$ e $xF_3 = 30$, formada portanto pelas variáveis de folga.

4.2 DESCRIÇÃO DO MÉTODO PARA MAXIMIZAÇÃO

1ª Parte: Teste de otimalidade para a solução.

Consiste em avaliar o efeito da permuta de uma variável básica por outra não básica, com a consequente formação de nova solução. Se a entrada de uma variável não básica puder melhorar o desempenho do sistema, a solução testada não é ótima.

Essa avaliação é possível quando a função objetivo está escrita somente em termos das variáveis não básicas.

Voltando ao exemplo anterior, a função objetivo está escrita na forma:

MAX $Z = 3x_1 + 5x_2$

e obtivemos, fazendo $x_1 = 0, x_2 = 0$, uma solução básica inicial formada pelas variáveis de folga $xF_1 = 10, xF_2 = 20$ e $xF_3 = 30$.

No caso, as variáveis básicas são xF_1, xF_2 e xF_3, e as não básicas x_1 e x_2.

Portanto, a função objetivo está escrita com as variáveis não básicas.

Examinando a função objetivo e a solução inicial $x_1 = 0, x_2 = 0$ e $z = 0$, com $Z = 3x_1 + 5x_2$, temos:

Se x_1 entra na base com valor 1, o valor de z passa de $z = 0$ para $z = 3$, aumentando 3 unidades, exatamente o valor do coeficiente de x_1.

Se x_2 entra na base com valor 1, o valor de z passa de $z = 0$ para $z = 5$, aumentando 5 unidades, exatamente o valor do coeficiente de x_2.

34 Capítulo 4

Por outro lado, se o coeficiente de x_1 ou x_2 fosse negativo, a entrada dessa variável diminuiria o valor de z, de acordo com seu coeficiente. Podemos concluir que enquanto a função objetivo apresentar variáveis não básicas com coeficientes positivos, ela poder ser aumentada, não sendo portanto a solução ótima.

Vamos reescrever, agora, a função objetivo com todas as variáveis à esquerda:

$$z = 3x_1 + 5x_2 \Rightarrow z - 3x_1 - 5x_2 = 0$$

Os coeficientes positivos à direita são negativos à esquerda, portanto, coeficientes negativos à esquerda indicam que o valor de z pode ser aumentado com a entrada da variável na base, e na proporção de seu coeficiente. Escrito dessa forma, a solução testada só será ótima quando as variáveis não básicas não apresentarem coeficientes negativos.

2ª Parte: **Cálculo da nova solução básica**

a) Variável que entra na base

Entra na base a variável com coeficiente negativo de maior valor absoluto. A ideia é melhorar rapidamente o valor de z.

Examinando a função objetivo do exemplo anterior:

$$z - 3x_1 - 5x_2 = 0 \text{ ou } z = 3x_1 + 5x_2$$

entra a variável x_2, pois cada unidade a mais em x_2 aumenta z em 5 unidades.

b) Variável que sai

Sai a variável que primeiro se anula com a entrada da variável escolhida no item anterior, no caso x_2, que entra com maior valor possível.

Ela pode ser descoberta dividindo-se os termos da direita das restrições pelos coeficientes positivos da variável que entra. O menor valor indica que a variável básica dessa linha é a que primeiro se anula e sairá da base.

No exemplo:

$$\begin{cases} 2x_1 + \boxed{4x_2} + xF_1 = 10 & 10/4 = 2,5 \rightarrow \text{Sai} \\ 6x_1 + \boxed{x_2} + xF_2 = 20 & 20/1 = 20 \\ x_1 - \boxed{x_2} + xF_3 = 30 & 30/(-1) = -30 \end{cases}$$

$\uparrow$
entra

A última divisão $(30\ (-1))$ não pode ser considerada, pois daria valor negativo para a variável na próxima base, o que não é possível. Portanto, sai a variável da primeira linha, no caso xF_1.

c) Elemento pivô

A coluna da variável que entra e a linha da variável que sai identificam um elemento comum chamado pivô.

A linha da variável que sai é também linha pivô. No caso, a primeira linha é a pivô e o coeficiente 4 de x_2 é o elemento pivô.

d) Calculando a nova solução

d1. Vamos organizar a função objetivo e restrições numa tabela com colunas formadas pelos coeficientes de cada variável e outra dos termos independentes.

z	x_1	x_2	xF_1	xF_2	xF_3	b	
1	−3	−5	0	0	0	0	
0	2	4	1	0	0	10	→ Sai (linha pivô)
0	6	1	0	1	0	20	
0	1	−1	0	0	1	30	

$$\uparrow$$
entra

d2. Dividimos a linha pivô pelo valor do elemento pivô, obtendo uma nova linha com pivô unitário.

linha pivô:	0	2	④	1	0	0	10
dividindo por 4:	0	0,5	①	0,25	0	0	2,5 → nova linha pivô

d3. Vamos reescrever cada uma das outras linhas da seguinte maneira:

1º Multiplicar os elementos da nova linha pivô pelo coeficiente da variável que entra da outra linha, com sinal trocado.

2º Somar termo a termo com os elementos da outra linha.

Exemplo: Coeficiente da variável que entra (x_2) na primeira linha é – 5. Então:

nova linha pivô:	0	0,5	①	0,25	0	0	2,5
× 5:	0	2,5	5	1,25	0	0	12,5
+ primeira linha:	1	– 3	– 5	0	0	0	0
soma = nova primeira linha:	1	– 0,5	0	1,25	0	0	12,5

O coeficiente da variável que entra (x_2) na terceira linha é 1. Então:

nova linha pivô:	0	0,5	1	0,25	0	0	2,5
× (−1):	0	– 0,5	– 1	– 0,25	0	0	– 2,5
+ terceira linha:	0	6	1	0	1	0	20
soma = nova terceira linha:	0	5,5	0	– 0,25	1	0	17,5

36 Capítulo 4

O coeficiente da variável que entra na quarta linha é – 1. Então:

```
nova linha pivô:   0    0,5    1    0,25    0    0    2,5
           × 1:    0    0,5    1    0,25    0    0    2,5
+ quarta linha:    0     1    – 1    0      0    1    30
─────────────────────────────────────────────────────────
soma = nova
quarta linha:      0    1,5    0    0,25    0    1    32,5
```

Reescrevendo a nova tabela com os resultados obtidos, teremos:

z	x_1	x_2	xF_1	xF_2	xF_3	b
1	−0,5	0	1,25	0	0	12,5
0	0,5	1	0,25	0	0	2,5
0	5,5	0	−0,25	1	0	17,5
0	1,5	0	0,25	0	1	32,5

De onde concluímos a nova solução:

Variáveis não básicas	Variáveis básicas	Valor de z
$x_1 = 0$	$x_2 = 2,5$	$z = 12,5$
$xF_1 = 0$	$xF_2 = 17,5$	
	$xF_3 = 32,5$	

A função objetivo na nova solução está escrita em termos das variáveis não básicas x_1 e xF_1. As variáveis básicas têm coeficientes nulos.

A solução obtida tem $z = 12,5$, contra $z = 0$ da solução inicial. É melhor, mas ainda não é ótima, pois o coeficiente de x_1 na função objetivo é negativo.

Cálculo da nova solução:

Variável que entra: x_1 (coeficiente negativo de maior valor absoluto na função objetivo)

Variável que sai:

Vamos dividir os termos independentes pelos coeficientes positivos de x_1:

$2,5 \div 0,5 = 5$

$17,5 \div 5,5 = 3,18 \rightarrow$ menor valor: sai a variável dessa linha no caso xF_2

$32,5 \div 1,5 = 21,67$

Nova linha pivô = terceira linha

Elemento pivô: 5,5

nova linha pivô = linha pivô ÷ 5,5

| linha pivô: | 0 | 5,5 | 0 | − 0,25 | 1 | 0 | 17,5 |
| ÷ 5,5: | 0 | 1 | 0 | − 0,045 | 0,18 | 0 | 3,18 |

O coeficiente da variável que entra (x_1) na primeira linha é − 0,5. Então:

nova linha pivô:	0	1	0	− 0,045	0,18	0	3,18
× 0,5:	0	0,5	0	− 0,022	0,09	0	1,59
+ primeira linha:	1	− 0,5	0	1,25	0	0	12,5
soma = nova primeira linha:	1	0	0	1,227	0,09	0	14,09

O coeficiente da variável que entra (x_1) na segunda linha é 0,5. Então:

nova linha pivô:	0	1	0	− 0,045	0,18	0	3,18
× − 0,5:	0	− 0,5	0	0,022	− 0,09	0	− 1,59
+ segunda linha:	0	0,5	1	0,25	0	0	2,5
soma = nova segunda linha:	0	0	1	0,272	− 0,09	0	0,91

O coeficiente da variável que entra na quarta linha é 1,5. Então:

nova linha pivô:	0	1	0	− 0,045	0,18	0	3,18
× −1,5:	0	− 1,5	0	0,067	− 0,27	0	− 4,77
+ quarta linha:	0	1,5	0	0,25	0	1	32,5
soma = nova quarta linha:	0	0	0	0,317	− 0,27	1	27,73

Reescrevendo a nova tabela com os resultados obtidos teremos:

z	x_1	x_2	xF_1	xF_2	xF_3	b
1	0	0	1,227	0,09	0	14,09
0	0	1	0,272	− 0,09	0	0,91
0	1	0	− 0,045	0,18	0	3,18
0	0	0	0,317	− 0,27	1	27,73

A nova solução será portanto:

Variáveis não básicas	Variáveis básicas	Valor de z
$xF_1 = 0$	$x_1 = 3,18$	$z = 14,09$
$xF_2 = 0$	$x_2 = 0,91$	
	$xF_3 = 27,73$	

38 Capítulo 4

A função objetivo está escrita em termos das variáveis não básicas xF_1 e xF_2, pois os coeficientes das variáveis básicas são nulos. O valor de z passou de $z = 12,5$ para $z = 14,09$. Essa solução é ótima, pois os coeficientes das variáveis não básicas na função objetivo são positivos. Se xF_1 ou xF_2 entrar na base, o valor de z diminui, contrariando o objetivo.

Exemplo:

Maximizar $z = 2x_1 + 3x_2 + x_3$

$$\text{Sujeito a:} \begin{cases} x_1 + x_2 + x_3 \leq 40 \\ 2x_1 + x_2 - x_3 \leq 20 \\ 3x_1 + 2x_2 - x_3 \leq 30 \\ x_1 \geq 0, \ x_2 \geq 0, \ x_3 \geq 0 \end{cases}$$

a. Colocar as variáveis de folga e as variáveis da função objetivo à esquerda:

Maximizar $z - 2x_1 - 3x_2 - x_3 = 0$

$$\text{Sujeito a:} \begin{cases} x_1 + x_2 + x_3 + xF_1 = 40 \\ 2x_1 + x_2 - x_3 + xF_2 = 20 \\ 3x_1 + 2x_2 - x_3 + xF_3 = 30 \\ x_1 \geq 0, \ x_2 \geq 0, \ x_3 \geq 0, \ xF_1 \geq 0, \ xF_2 \geq 0, \ xF_3 \geq 0 \end{cases}$$

No quadro teremos:

z	x_1	x_2	x_3	xF_1	xF_2	xF_3	b	
1	-2	-3	-1	0	0	0	0	
0	1	1	1	1	0	0	40	
0	2	1	-1	0	1	0	20	
0	3	2	-1	0	0	1	30	$\rightarrow$ Sai

↑
entra

b. Solução básica inicial:

Variáveis não básicas	Variáveis básicas	Valor de z
$x_1 = 0$	$xF_1 = 40$	$z = 0$
$x_2 = 0$	$xF_2 = 20$	
$x_3 = 0$	$xF_3 = 30$	

c. Teste da solução: A solução não é ótima, pois tem coeficientes negativos na função objetivo.

d. Cálculo da nova solução

- Variável que entra: x_2 (coeficiente negativo de maior valor absoluto)
- Variável que sai (termos independentes divididos pelos coeficientes de x_2):

$$40 \div 1 = 40$$
$$20 \div 1 = 20$$
$$30 \div 2 = 15$$

Menor valor: 15. Sai a variável da quarta linha (xF_3).

Linha pivô: quarta linha

Elemento pivô: 2

- Dividindo a linha pivô por 2, temos:

Nova linha pivô: (0   1,5   1   − 0,5   0   0   0,5   15)

Cálculo da nova primeira linha (coeficiente da variável que entra = − 3)

nova linha pivô:	0	1,5	1	− 0,5	0	0	0,5	15
× 3:	0	4,5	3	− 1,5	0	0	1,5	45
+ primeira linha:	1	− 2	− 3	− 1	0	0	0	0
soma = nova primeira linha:	1	2,5	0	− 2,5	0	0	1,5	45

Cálculo da nova segunda linha (coeficiente da variável que entra = 1)

nova linha pivô:	0	1,5	1	− 0,5	0	0	0,5	15
× (− 1):	0	− 1,5	− 1	0,5	0	0	− 0,5	− 15
+ segunda linha:	0	1	1	1	1	0	0	40
soma = nova segunda linha:	0	− 0,5	0	1,5	1	0	− 0,5	25

Cálculo da nova terceira linha (coeficiente da variável que entra = 1)

nova linha pivô:	0	1,5	1	− 0,5	0	0	0,5	15
× (− 1):	0	− 1,5	− 1	0,5	0	0	− 0,5	− 15
+ terceira linha:	0	2	1	− 1	0	1	0	20
soma = nova terceira linha:	0	0,5	0	− 0,5	0	1	− 0,5	5

40 Capítulo 4

Reescrevendo a nova tabela, teremos:

z	x_1	x_2	x_3	xF_1	xF_2	xF_3	b
1	2,5	0	$-2,5$	0	0	1,5	45
0	$-0,5$	0	1,5	1	0	$-0,5$	25
0	0,5	0	$-0,5$	0	1	$-0,5$	5
0	1,5	1	$-0,5$	0	0	0,5	15

Nova solução:

Variáveis básicas	Variáveis não básicas	Valor de z
$x_2 = 15$	$x_1 = 0$	$z = 45$
$xF_1 = 25$	$x_3 = 0$	
$xF_2 = 5$	$xF_3 = 0$	

Essa solução não é ótima, pois o coeficiente de x_3 na função objetivo é negativo ($-2,5$). Cálculo da nova solução:

- Variável que entra: x_3 (coeficiente negativo de maior valor absoluto)
- Variável que sai: $25 \div 1,5 = 16,67$

$$5 \div (-0,5) = -10$$
$$1,5 \div (-0,5) = -30$$

desconsiderados, pois dariam valor negativo para a variável na próxima solução.

Sai portanto a variável da segunda linha: xF_1

- Linha pivô: segunda linha
- Elemento pivô: 1,5
- Nova linha pivô: linha pivô $\div$ 1,5

  0 $-0,33$ 0 1 0,67 0 $-0,333$ 16,67

Cálculo da nova primeira linha (coeficiente da variável que entra $= -2,5$)

nova linha pivô:	0	$-0,33$	0	1	0,67	0	$-0,33$	16,67
$\times 2,5$:	0	$-0,83$	0	2,5	1,67	0	$-0,83$	41,67
+ primeira linha:	0	2,5	0	$-2,5$	0	0	1,5	45

soma = nova
primeira linha: 0 1,67 0 0 1,67 0 0,67 86,67

Cálculo da nova terceira linha (coeficiente da variável que entra $= -0,5$)

nova linha pivô:	0	$-0,33$	0	1	0,67	0	$-0,33$	16,67
$\times 0,5$:	0	$-0,165$	0	0,5	0,335	0	$-0,165$	8,335
+ terceira linha:	0	0,5	0	$-0,5$	0	1	$-0,5$	5

soma = nova
terceira linha: 0 0,335 0 0 0,335 1 $-0,665$ 13,335

Método Simplex **41**

Cálculo da nova quarta linha (coeficiente da variável que entra = – 0,5)

nova linha pivô:	0	– 0,33	0	1	0,67	0	– 0,33	16,67
× 0,5:	0	– 0,165	0	0,5	0,335	0	– 0,165	8,335
+ quarta linha:	0	1,5	1	– 0,5	0	0	0,5	15
soma = nova quarta linha:	0	1,335	1	0	0,335	0	0,335	23,335

Reescrevendo a nova tabela:

z	x_1	x_2	x_3	xF_1	xF_2	xF_3	b
1	1,67	0	0	1,67	0	0,67	86,67
0	– 0,33	0	1	0,67	0	– 0,33	16,67
0	0,335	0	0	0,335	1	– 0,665	13,335
0	1,335	1	0	0,335	0	0,335	23,335

Nova solução:

Variáveis básicas	Variáveis não básicas	Objetivo
$x_2 = 23,335$	$x_1 = 0$	$z = 86,67$
$x_3 = 16,67$	$xF_1 = 0$	
$xF_2 = 13,335$	$xF_3 = 0$	

A solução é ótima, pois todos os coeficientes na função objetivo são positivos.

EXERCÍCIOS (LISTA 3)

1. Resolver os modelos em programação linear, usando o método Simplex.

1.1. Max. Receita = $10x_1 + 12x_2$

Sujeito a: $\begin{cases} x_1 + x_2 \leq 100 \\ 2x_1 + 3x_2 \leq 270 \\ x_1 \geq 0, \ x_2 \geq 0 \end{cases}$

1.2. Max. Lucro = $2x_1 + 3x_2 + 4x_3$

Sujeito a: $\begin{cases} x_1 + x_2 + x_3 \leq 100 \\ 2x_1 + x_2 \leq 210 \\ x_1 \leq 80 \\ x_1 \geq 0, \ x_2 \geq 0, \ x_3 \geq 0 \end{cases}$

1.3. Max. $z = 0,2x_1 + 2x_2 + 4x_3$

Sujeito a: $\begin{cases} x_1 + 2x_2 \leq 20 \\ 3x_1 + x_3 \leq 50 \\ x_1 + x_2 - x_3 \leq 15 \\ x_1 \geq 0, \ x_2 \geq 0, \ x_3 \geq 0 \end{cases}$

1.4. Max. $z = 5x_1 - 3x_2 + 4x_3 - x_4$

Sujeito a: $\begin{cases} x_1 + x_2 + x_3 + x_4 \leq 600 \\ 2x_1 + x_3 \leq 280 \\ x_2 + 3x_4 \leq 150 \\ x_1 \geq 0, \ x_2 \geq 0, \ x_3 \geq 0, \ x_4 \geq 0 \end{cases}$

42 Capítulo 4

1.5. Max. $z = 2x_1 + 4x_3$

Sujeito a:
$$\begin{cases} x_1 + 2x_2 + x_3 \leq 8.000 \\ 2x_1 \leq 6.000 \\ x_2 + x_3 \leq 620 \\ x_1 \geq 0, \ x_2 \geq 0, \ x_3 \geq 0 \end{cases}$$

1.6. Max. $z = 2x_1 + 4x_2 + 6x_3$

Sujeito a:
$$\begin{cases} x_1 + x_2 + x_3 \leq 100 \\ 2x_1 - x_2 + 5x_3 \leq 50 \\ 3x_1 + x_3 \leq 200 \\ x_1 \geq 0, \ x_2 \geq 0, \ x_3 \geq 0 \end{cases}$$

2. Resolva, usando o método Simplex, os problemas da Lista 1 de exercícios

2.1 Problema 1 lista 1

2.2 Problema 2 lista 1

3. Um fabricante de fantasias tem em estoque 32 m de brim, 22 m de seda e 30 m de cetim e pretende fabricar dois modelos de fantasias. O primeiro modelo (M1) consome 4 m de brim, 2 m de seda e 2 m de cetim. O segundo modelo (M2) consome 2 m de brim, 4 m de seda e 6 m de cetim. Se M1 é vendido a 6.000 u.m. e M2 a 10.000 u.m., quantas fantasias de cada tipo o fabricante deve fazer para obter a receita máxima?

4. O problema consiste em programar a produção de dois itens P1 e P2 a partir dos recursos produtivos R1, R2 e R3. Os dados colhidos nos vários setores da empresa são os seguintes:

Uso dos recursos produtivos

Produtos	R1 por unidade	R2 por unidade	R3 por unidade
P1	2	4	1
P2	3	2	5
Disponibilidades mensais	3.000	4.000	4.500

Produtos	Custo unitário	Custo de venda	Preço de venda
P1	20	20%	50
P2	30	20%	70

Demanda conjunta dos produtos: 1.000 unidades/mês. O objetivo é maximizar o lucro.

RESPOSTAS

1.1. $x_1 = 30, x_2 = 70, xf_1 = 0, xf_2 = 0, z = 1.140$

1.2. $x_1 = 0, x_2 = 0, x_3 = 100, xf_1 = 0, xf_2 = 210, xf_3 = 80, z = 400$

1.3. $x_1 = 0, x_2 = 10, x_3 = 50, xf_1 = 0, xf_2 = 0, xf_3 = 55, z = 220$

1.4. $x_1 = 0, x_2 = 0, x_3 = 280, x_4 = 0, xf_1 = 320, xf_2 = 0, xf_3 = 150, z = 1.120$

1.5. $x_1 = 3.000, x_2 = 0, x_3 = 620, xf_1 = 4.380, xf_2 = 0, xf_3 = 0, z = 8.480$

1.6. $x_1 = 0, x_2 = 75, x_3 = 25, xf_3 = 175, xf_1 = 0, xf_2 = 0, z = 450$

2.1. $x_1 = 3$ sapatos, $x_2 = 0$ cintos, Lucro $= 15$

2.2. múltiplas soluções: $x_1 = 15, x_2 = 30, z = 6.000$

3. $x_1 = 7, x_2 = 2$, sobram 4 m de cetim, $z = 62.000$

4. $x_1 = 125, x_2 = 875, xF_1 = 125, xF_2 = 1.750, L = 25.250$

Método Simplex **43**

4.3 SOLUÇÃO DE UM MODELO GERAL DE PROGRAMAÇÃO LINEAR PELO MÉTODO SIMPLEX

Os modelos de programação linear apresentados até agora têm as seguintes características:

- ■ a função objetivo deve ser maximizada;
- ■ todas as variáveis de decisão são não negativas;
- ■ apresentam uma solução básica inicial.

A aplicação do Simplex, como foi apresentada, exige essas três características no modelo. Caso isso não ocorra, devemos procurar um modelo equivalente que possua essas três características, para então usar o Simplex.

4.3.1 O problema da minimização

Se a função objetivo for de minimização, devemos multiplicá-la por – 1, obtendo uma função equivalente para maximização.

Exemplo:

Minimizar $z = 3x_1 - 4x_2 + x_3$

Sujeito a: $\begin{cases} x_1 + x_2 + x_3 \leq 10 \\ 2x_1 + x_2 - x_3 \leq 20 \\ x_1 \geq 0, \ x_2 \geq 0, \ x_3 \geq 0 \end{cases}$

O modelo equivalente é:

Maximizar $(-z) = -3x_1 + 4x_2 - x_3$

Sujeito a: $\begin{cases} x_1 + x_2 + x_3 \leq 10 \\ 2x_1 + x_2 - x_3 \leq 20 \\ x_1 \geq 0, \ x_2 \geq 0, \ x_3 \geq 0 \end{cases}$

Resolvido o modelo equivalente, teremos a solução do modelo original com a troca do sinal de z.

4.3.2 O problema da variável livre

Se alguma variável do modelo não possuir a condição de não negatividade, podemos substituí-la pela diferença de duas outras variáveis não negativas, pois um número qualquer sempre pode ser escrito como a diferença de dois números positivos.

Exemplo:

Max $z = x_1 + 2x_2 + x_3$

44 Capítulo 4

$$\text{Sujeito a: } \begin{cases} x_1 + x_2 + x_3 \leq 10 \\ 2x_1 + 3x_2 \leq 20 \\ x_1 \geq 0, \ x_2 \Rightarrow \text{livre} \end{cases}$$

Fazendo $x_2 = x_4 - x_5$, com $x_4 \geq 0$ e $x_5 \geq 0$ e substituindo no modelo anterior, teremos o modelo equivalente:

$$\text{Max } z = x_1 + 2x_4 - 2x_5 + x_3$$

$$\text{Sujeito a: } \begin{cases} x_1 + x_4 - x_5 + x_3 \leq 10 \\ 2x_1 + 3x_4 - 3x_5 \leq 20 \\ x_1 \geq 0, \ x_4 \geq 0, \ x_5 \geq 0, \ x_3 \geq 0 \end{cases}$$

Com todas as variáveis não negativas. A solução deste modelo resolve o anterior.

4.3.3 O problema da solução básica inicial

Nos modelos resolvidos até agora pelo Simplex, as restrições são todas do tipo $\leq$ com os termos da direita positivos. O acréscimo das variáveis de folga fornece neste caso uma solução básica inicial.

O problema aparece quando:

1º a restrição é do tipo $\geq$: a variável de folga é subtraída e seu valor é negativo, quando se anulam as variáveis de decisão.

2º a restrição é do tipo =: não recebe a variável de folga.

Neste caso, acrescentamos em cada uma das restrições do tipo $\geq$ e = variáveis auxiliares a_i com a formação de um novo modelo. A solução básica inicial do novo modelo é formada pelas variáveis de folga das restrições do tipo $\leq$ e pelas variáveis auxiliares a_i.

Exemplo:

$$\text{Maximizar } z = x_1 + x_2 + x_3$$

$$\text{Sujeito a: } \begin{cases} 2x_1 + x_2 - x_3 \leq 10 \\ x_1 + x_2 + 2x_3 \geq 20 \\ 2x_1 + x_2 + 3x_3 = 60 \\ x_1 \geq 0, \ x_2 \geq 0, \ x_3 \geq 0 \end{cases}$$

a) Acrescentando as variáveis de folga:

$$2x_1 + x_2 - x_3 + xF_1 \qquad = 10$$
$$x_1 + x_2 + 2x_3 \qquad - xF_2 = 20$$
$$2x_1 + x_2 + 3x_3 \qquad = 60$$

Não temos uma solução básica inicial devido à segunda e à terceira restrições.

b) Acrescentando na segunda e terceira restrições as variáveis auxiliares a_2 e a_3:

$$2x_1 + x_2 - x_3 + xF_1 \qquad\qquad = 10$$
$$x_1 + x_2 + 2x_3 \qquad - xF_2 + a_2 \qquad = 20$$
$$2x_1 + x_2 + 3x_3 \qquad\qquad\quad + a_3 = 60$$

teremos agora uma solução básica inicial: $xF_1 = 10$, $a_2 = 20$, $a_3 = 60$ com as outras variáveis todas nulas.

4.3.4 Retorno ao modelo original

O retorno ao modelo original deve ser feito com a eliminação das variáveis auxiliares e a manutenção da solução básica. Isto pode ser feito de duas maneiras:

4.3.4.1 Método do M grande

Escrevemos a função objetivo, acrescentando as variáveis auxiliares com coeficientes $- M_2$ e $- M_3$, sendo M_2 e M_3 números grandes.

$$z = x_1 + x_2 + x_3 - M_2 a_2 - M_3 a_3$$

À medida que z é maximizada, as variáveis a_2 e a_3 deixam a base, devido ao grande valor de M_2 e M_3.

Do exemplo anterior teremos:

Modelo auxiliar: Max. $z = x_1 + x_2 + x_3 - M_2 a_2 - M_3 a_3$

Sujeito a:
$$\begin{cases} 2x_1 + x_2 - x_3 + xF_1 = 10 \\ x_1 + x_2 + 2x_3 - xF_2 + a_2 = 20 \\ 2x_1 + x_2 + 3x_3 + a_3 = 60 \\ x_1 \geq 0,\ x_2 \geq 0,\ x_3 \geq 0,\ xF_1 \geq 0,\ xF_2 \geq 0,\ a_2 \geq 0,\ a_3 \geq 0 \end{cases}$$

O quadro inicial fica então:

z	x_1	x_2	x_3	xF_1	xF_2	a_2	a_3	b
1	-1	-1	-1	0	0	M_2	M_3	0
0	2	1	-1	1	0	0	0	10
0	1	1	2	0	-1	1	0	20
0	2	1	3	0	0	0	1	60

46 Capítulo 4

Solução:

Variáveis básicas	Variáveis não básicas	Valor de z original
$xF_1 = 10$	$x_1 = 0$	$z = 0$
$a_2 = 20$	$x_2 = 0$	
$a_3 = 60$	$x_3 = 0$	
	$F_2 = 0$	

Cálculo da nova solução:

- Variável que entra: entra x_3 (coeficiente – 1). As três variáveis x_1, x_2 e x_3 têm coeficientes iguais. Escolhemos uma delas.
- Variável que sai: $10 \div (-1) = -10$ prejudicado

                      $20 \div 2 = 10 \rightarrow$ sai variável da terceira linha

                      $60 \div 3 = 20$

Linha pivô: terceira linha

Elemento pivô: 2

Nova linha pivô = linha pivô $\div$ 2: 0   0,5   0,5   1   0   – 0,5   0,5   0   10

Cálculo da nova primeira linha: (coeficiente da variável que entra = –1)

nova linha pivô:	0	0,5	0,5	1	0	– 0,5	0,5	0	10
× 1:	0	0,5	0,5	1	0	– 0,5	0,5	0	10
+ primeira linha:	+ 1	– 1	– 1	– 1	0	0	M_2	M_3	0
soma = nova primeira linha:	1	– 0,5	– 0,5	0	0	– 0,5	M_2	M_3	10

Cálculo da nova segunda linha: (coeficiente da variável que entra = – 1)

nova linha pivô:	0	0,5	0,5	1	0	– 0,5	0,5	0	10
× 1:	0	0,5	0,5	1	0	– 0,5	0,5	0	10
+ segunda linha:	0	2	1	– 1	1	0	0	0	10
soma = nova segunda linha:	0	2,5	1,5	0	1	– 0,5	0,5	0	20

Cálculo da nova quarta linha (coeficiente da variável que entra = 3)

nova linha pivô:	0	0,5	0,5	1	0	– 0,5	0,5	0	10
× – 3:	0	– 1,5	– 1,5	– 3	0	1,5	– 1,5	0	– 30
+ quarta linha:	0	2	1	3	0	0	0	1	60
soma = nova quarta linha:	0	0,5	– 0,5	0	0	1,5	– 1,5	1	30

Novo quadro:

z	x_1	x_2	x_3	xF_1	xF_2	a_2	a_3	b
1	$-0,5$	$-0,5$	0	0	$-0,5$	M_2	M_3	10
0	2,5	1,5	0	1	$-0,5$	0,5	0	20
0	0,5	0,5	1	0	$-0,5$	0,5	0	10
0	0,5	$-0,5$	0	0	1,5	$-1,5$	1	30

Solução:

Variáveis básicas	Variáveis não básicas	Valor de z original
$x_3 = 10$	$x_1 = 0$	$z = 10$
$xF_1 = 20$	$x_2 = 0$	
$a_3 = 30$	$xF_2 = 0$	
	$a_2 = 0$	

Cálculo da nova solução:

- Variável que entra: entra xF_2 (coeficiente $-0,5$)
- Variável que sai: $20 \div (-0,5) = -40 \rightarrow$ prejudicado

$10 \div (-0,5) = -20 \rightarrow$ prejudicado

$30 \div 1,5 = 20 \rightarrow$ sai variável da quarta linha

Linha pivô: quarta linha

Elemento pivô: 1,5

Nova linha pivô (linha pivô $\div$ 1,5):

0   0,333 $-0,333$ 0   0   1 -1 0,667   20

Cálculo da nova primeira linha: (coeficiente da variável que entra $= -0,5$)

nova linha pivô:	0	0,333	$-0,333$	0	0	1	-1	0,667	20
$\times 0,5$:	0	0,167	$-0,167$	0	0	0,5	$-0,5$	0,333	10
+ primeira linha:	1	$-0,5$	$-0,5$	0	0	$-0,5$	M_2	M_3	10

soma = nova
primeira linha: 1 $-0,333$ $-0,667$ 0   0   0 M_2 M_3 20

Cálculo da nova segunda linha (coeficiente da variável que entra $= -0,5$)

nova linha pivô:	0	0,333	$-0,333$	0	0	1	-1	0,667	20
$\times 0,5$:	0	0,167	$-0,167$	0	0	0,5	$-0,5$	0,333	10
+ segunda linha:	0	2,5	1,5	0	1	$-0,5$	0,5	0	20

soma = nova
segunda linha: 0   2,667   1,333   0   1   0   0   0,333   30

48 Capítulo 4

Cálculo da nova terceira linha (coeficiente da variável que entra = $-0,5$)

nova linha pivô:	0	0,333	$-0,333$	0	0	1	-1	0,667	20
$\times 0,5$:	0	0,167	$-0,167$	0	0	0,5	$-0,5$	0,333	10
+ terceira linha:	0	0,5	0,5	1	0	$-0,5$	0,5	0	10
soma = nova terceira linha:	0	0,667	0,333	1	0	0	0	0,333	20

Novo quadro:

z	x_1	x_2	x_3	xF_1	xF_2	a_2	a_3	b
1	$-0,333$	$-0,667$	0	0	0	M_2	M_3	20
0	2,667	1,333	0	1	0	0	0,333	30
0	0,667	0,333	1	0	0	0	0,333	20
0	0,333	$-0,333$	0	0	1	-1	0,667	20

Solução:

Variáveis básicas	Variáveis não básicas	Valor de z original
$x_3 = 20$	$x_1 = 0$	$z = 20$
$xF_1 = 30$	$x_2 = 0$	
$xF_2 = 20$	$a_2 = 0$	
	$a_3 = 0$	

A solução básica é formada pelas variáveis originais. Podemos abandonar agora as variáveis auxiliares, todas nulas. O quadro fica então:

z	x_1	x_2	x_3	xF_1	xF_2	b
1	$-0,333$	$-0,667$	0	0	0	20
0	2,667	1,333	0	1	0	30
0	0,667	0,333	1	0	0	20
0	0,333	$-0,333$	0	0	1	20

Cálculo da solução ótima:

- Variável que entra: x_2 (coeficiente $-0,667$)
- Variável que sai: $30 \div 1,333 = 22,5 \rightarrow$ sai variável da segunda linha: xF_1

  $20 \div 0,333 = 60$

  $20 \div (-0,333) = -60 \rightarrow$ prejudicada

Linha pivô: segunda linha

Elemento pivô: 1,333

Nova linha pivô (linha pivô $\div 1,333$): 0   2   1   0   0,75   0   22,5

Cálculo da nova primeira linha (coeficiente da variável que entra = – 0,667)

nova linha pivô:	0	2	1	0	0,75	0	22,5
× 0,667:	0	1,333	0,667	0	0,5	0	15
+ primeira linha:	1	– 0,333	– 0,667	0	0	0	20
soma = nova primeira linha:	1	1	0	0	0,5	0	35

Cálculo da nova terceira linha (coeficiente da variável que entra = 0,333)

nova linha pivô:	0	2	1	0	0,75	0	22,5
× (– 0,333):	0	– 0,667	– 0,333	0	– 0,25	0	– 7,5
+ terceira linha:	0	0,667	0,333	1	0	0	20
soma = nova terceira linha:	0	0	0	1	– 0,25	0	12,5

Cálculo da nova quarta linha (coeficiente da variável que entra = – 0,333)

nova linha pivô:	0	2	1	0	0,75	0	22,5
× 0,333:	0	0,667	0,333	0	0,25	0	7,5
+ quarta linha:	0	0,333	– 0,333	0	0	1	20
soma = nova quarta linha:	0	1	0	0	0,25	1	27,5

Novo quadro:

z	x_1	x_2	x_3	xF_1	xF_2	b
1	1	0	0	0,5	0	35
0	2	1	0	0,75	0	22,5
0	0	0	1	– 0,25	0	12,5
0	1	0	0	0,25	1	27,5

Solução:

Variáveis básicas	Variáveis não básicas	Valor de z original
$x_2 = 22,5$	$x_1 = 0$	$z = 35$
$x_3 = 12,5$	$xF_1 = 0$	
$xF_2 = 27,5$		

A solução é ótima.

OBSERVAÇÃO: Na primeira parte do exercício, que levou à eliminação das variáveis auxiliares a_i, o que pretendíamos não era maximizar o objetivo, e sim eliminar as va-

50 Capítulo 4

riáveis auxiliares, retornando assim ao problema original. Podemos escolher para entrar na base uma variável com qualquer coeficiente na função objetivo, desde que a entrada dessa variável provoque a saída de uma variável auxiliar.

Para isto basta verificar se na divisão dos termos independentes pelos coeficientes de uma variável não básica, o menor resultado positivo está na linha da variável auxiliar básica. Se isso é verdade, a variável auxiliar deixa a base, independente do coeficiente na função objetivo da variável que entra.

Suponha, por exemplo, que estamos diante do quadro:

z	x_1	x_2	x_3	xF_1	a_1	a_2	b
1	4	5	0	0	0	6	100
0	1	2	1	0	0	12	20
0	0	1	0	1	0	-1	10
0	1	5	0	0	1	4	30

Embora os coeficientes na função objetivo sejam todos não negativos, a solução não é ótima, pois o problema original está alterado pela presença da variável auxiliar a_1. Qual variável deverá entrar na base para a saída da variável a_1?

Se entra x_1: $20 \div 1 = 20$

$10 \div 0 = $ prejudicado

$30 \div 1 = 30$, sai a variável da primeira linha: x_3

Se entra x_2: $20 \div 2 = 10$

$10 \div 1 = 10$

$30 \div 5 = 6$, sai a variável da terceira linha, exatamente a_1.

Portanto, a entrada de x_2 resolve o problema.

Caso nenhuma das variáveis não básicas possa fazer o papel de expulsar a variável auxiliar da base, o problema não tem solução básica, e portanto não tem solução.

4.3.4.2 *Método da função objetivo auxiliar*

Como no método anterior, nas equações e nas inequações do tipo $\geq$, acrescentamos as variáveis auxiliares, para compor com as folgas das inequações do tipo $\leq$, a solução básica necessária a aplicação do Simplex.

Construímos, então, uma função objetivo auxiliar W, formada pela soma das variáveis auxiliares.

$$W = a_1 + a_2 + ,..., + a_n$$

A função W deve ser escrita em termos das variáveis originais e compor o novo objetivo a ser minimizado.

Quando as variáveis auxiliares forem não básicas, teremos:

$a_1 = a_2 = \ldots = a_n = 0$ e $W = 0$

As variáveis e funções auxiliares podem ser abandonadas. O novo objetivo será dado pela função objetivo original.

Teremos aí o modelo original com a solução básica inicial procurada.

Exemplo:

Max $z = x_1 + x_2 + x_3$

Sujeito a: $\begin{cases} 2x_1 + x_2 - x_3 \leq 10 \\ x_1 + x_2 + 2x_3 \geq 20 \\ 2x_1 + x_2 + 3x_3 = 60 \\ x_1 \geq 0, x_2 \geq 0, x_3 \geq 0 \end{cases}$

1. Acrescentando variáveis de folga e variáveis auxiliares, conforme já fizemos anteriormente, teremos:

$\begin{cases} 2x_1 + x_2 - x_3 + xF_1 = 10 \\ x_1 + x_2 + 2x_3 - xF_2 + a_2 = 20 \\ 2x_1 + x_2 + 3x_3 + a_3 = 60 \end{cases}$

2. Função auxiliar $W = a_2 + a_3$

Da segunda restrição: $a_2 = -x_1 - x_2 - 2x_3 + xF_2 + 20$

Da terceira restrição: $a_3 = -2x_1 - x_2 - 3x_3 + 60$

$W = a_2 + a_3 = -3x_1 - 2x_2 - 5x_3 + xF_2 + 80$

mini $W = \max(-W) = 3x_1 + 2x_2 + 5x_3 - xF_2 - 80$

O quadro com a função auxiliar W fica assim:

z	x_1	x_2	x_3	xF_1	xF_2	a_2	a_3	b
1	-1	-1	-1	0	0	0	0	0
0	2	1	-1	1	0	0	0	10
0	1	1	2	0	-1	1	0	20
0	2	1	3	0	0	0	1	60
-1	-3	-2	-5	0	1	0	0	-80

$-W$

52 Capítulo 4

Solução:

Variáveis básicas	Variáveis não básicas	Valor de W
$xF_1 = 10$	$x_1 = 0$	$W = 80$
$a_2 = 20$	$x_2 = 0$	
$a_3 = 60$	$x_3 = 0$	
	$xF_2 = 0$	

A função objetivo a ser minimizada é W. Observando seus coeficientes, verificamos que a resolução do quadro não é ótima.

Cálculo da nova solução:

- Variável que entra: x_3 (coeficiente -5)
- Variável que sai: $10 \div (-1) = -10 \rightarrow$ prejudicada

    $20 \div 2 = 10 \rightarrow$ sai a variável da terceira linha: a_2

    $60 \div 3 = 20$

Linha pivô: terceira linha

Elemento pivô: 2

Nova linha pivô (linha pivô $\div$ 2): 0 0,5 0,5 1 0 $-0,5$ 0,5 0 10

Cálculo da nova primeira linha (coeficiente -1)

nova linha pivô:	0	0,5	0,5	1	0	$-0,5$	0,5	0	10
$\times 1$:	0	0,5	0,5	1	0	$-0,5$	0,5	0	10
+ primeira linha:	1	-1	-1	-1	0	0	0	0	0
soma = nova primeira linha:	1	$-0,5$	$-0,5$	0	0	$-0,5$	0,5	0	10

Cálculo da nova segunda linha (coeficiente -1)

nova linha pivô:	0	0,5	0,5	1	0	$-0,5$	0,5	0	10
$\times 1$:	0	0,5	0,5	1	0	$-0,5$	0,5	0	10
+ segunda linha:	0	2	1	-1	0	0	0	0	10
soma = nova segunda linha:	0	2,5	1,5	0	0	$-0,5$	0,5	0	20

Cálculo da nova quarta linha (coeficiente 3)

nova linha pivô:	0	0,5	0,5	1	0	$-0,5$	0,5	0	10
$\times (-3)$:	0	$-1,5$	$-1,5$	-3	0	1,5	$-1,5$	0	-30
+ quarta linha:	0	2	1	3	0	0	0	1	60
soma = nova quarta linha:	0	0,5	$-0,5$	0	0	1,5	$-1,5$	1	30

Cálculo da nova quinta linha (coeficiente – 5)

nova linha pivô:	0	0,5	0,5	1	0	– 0,5	0,5	0	10
× 5:	0	2,5	2,5	5	0	– 2,5	2,5	0	50
+ quinta linha:	– 1	– 3	– 2	– 5	0	1	0	0	– 80
soma = nova quinta linha:	– 1	– 0,5	0,5	0	0	– 1,5	2,5	0	– 30

Novo quadro:

z	x_1	x_2	x_3	xF_1	xF_2	a_2	a_3	b
1	– 0,5	– 0,5	0	0	– 0,5	0,5	0	10
0	2,5	1,5	0	1	– 0,5	0,5	0	20
0	0,5	0,5	1	0	– 0,5	0,5	0	10
0	0,5	– 0,5	0	0	1,5	– 1,5	1	30
– 1	– 0,5	0,5	0	0	– 1,5	2,5	0	– 30

– W

Solução:

Variáveis básicas	Variáveis não básicas	Valor de W
$x_3 = 10$	$x_1 = 0$	$W = 30$
$xF_1 = 20$	$x_2 = 0$	
$a_3 = 30$	$xF_2 = 0$	

Cálculo da nova solução:

- ■ Variável que entra: xF_2 (coeficiente – 1,5)
- ■ Variável que sai: $20 \div (– 0,5) = – 40 \rightarrow$ prejudicada
  $10 \div (– 0,5) = – 20 \rightarrow$ prejudicada
  $30 \div 1,5 = 20 \rightarrow$ sai a variável da quarta linha: a_3

Linha pivô: quarta linha

Elemento pivô: 1,5

Nova linha pivô = linha pivô ÷ 1,5:

0   0,333   – 0,333   0   0   1   – 1   0,667   20

Cálculo da nova primeira linha: (coeficiente – 0,5)

nova linha pivô:	0	0,333	– 0,333	0	0	1	– 1	0,667	20
× 0,5:	0	0,166	– 0,166	0	0	0,5	– 0,5	0,333	10
+ primeira linha:	1	– 0,5	– 0,5	0	0	– 0,5	0,5	0	10
soma = nova primeira linha:	1	– 0,333	– 0,667	0	0	0	0	0,333	20

54 Capítulo 4

Cálculo da nova segunda linha (coeficiente – 0,5)

nova linha pivô:	0	0,333	– 0,333	0	0	1	– 1	0,667	20
× 0,5:	0	0,166	– 0,166	0	0	0,5	– 0,5	0,333	10
+ segunda linha:	0	2,5	1,5	0	1	– 0,5	0,5	0	20
soma = nova primeira linha:	1	2,666	1,333	0	1	0	0	0,333	30

Cálculo da nova terceira linha (coeficiente – 0,5)

nova linha pivô:	0	0,333	– 0,333	0	0	1	– 1	0,667	20
× 0,5:	0	0,166	– 0,166	0	0	0,5	– 0,5	0,333	10
+ terceira linha:	1	0,5	0,5	1	0	– 0,5	0,5	0	10
soma = nova terceira linha:	1	0,666	0,333	1	0	0	0	0,333	20

Cálculo da nova quinta linha (coeficiente – 1,5)

nova linha pivô:	0	0,333	– 0,333	0	0	1	– 1	0,667	20
× 1,5:	0	0,5	– 0,5	0	0	1,5	– 1,5	1	30
+ quinta linha:	– 1	– 0,5	0,5	0	0	– 1,5	2,5	0	–30
soma = nova quinta linha:	– 1	0	0	0	0	0	1	1	0

Novo quadro:

z	x_1	x_2	x_3	xF_1	xF_2	a_2	a_3	b
1	– 0,333	– 0,667	0	0	0	0	0,333	20
0	2,666	1,333	0	1	0	0	0,333	30
0	0,666	0,333	1	0	0	0	0,333	20
0	0,333	– 0,333	0	0	1	– 1	0,667	20
– 1	0	0	0	0	0	1	1	0

–W

Solução:

Variáveis básicas	Variáveis não básicas	Valor de W
$x_3 = 20$	$x_1 = 0$	$W = 0$
$xF_1 = 30$	$x_2 = 0$	
$xF_2 = 20$	$a_2 = 0$	
	$a_3 = 0$	

Método Simplex **55**

O problema apresenta agora uma solução básica formada pelas variáveis originais. As variáveis auxiliares e a função objetivo auxiliar são nulas. Podemos abandoná-las e continuar o problema com a função objetivo original.

O quadro será, portanto:

z	x_1	x_2	x_3	xF_1	xF_2	b
1	$-0,333$	$-0,667$	0	0	0	20
0	2,666	1,333	0	1	0	30
0	0,666	0,333	1	0	0	20
0	0,333	$-0,333$	0	0	1	20

Esse quadro é o mesmo que o obtido no processo do M grande. Calculando a partir dele a solução ótima, como já exposto (no exemplo anterior), teremos:

$$x_2 = 22,5 \qquad x_1 = 0 \qquad z = 35$$
$$x_3 = 12,5 \qquad xF_1 = 0$$
$$xF_2 = 27,5$$

OBSERVAÇÃO: Caso a função auxiliar W apresente solução ótima e valor não nulo, as variáveis auxiliares não serão todas nulas e o modelo original não apresentará então uma solução básica. Neste caso, o problema não tem solução.

4.4 O PROBLEMA DA DEGENERAÇÃO

No desenvolvimento do Simplex, a linha pivô é a restrição que apresenta o menor quociente não negativo, na divisão dos termos independentes pelos coeficientes positivos da variável que entra.

Pode ocorrer que haja mais de um resultado nessas condições. Devemos escolher arbitrariamente um deles para calcular a solução. Entretanto, essa solução apresentará variáveis básicas com valor nulo. A saída de uma variável básica nula provoca o aparecimento de outra variável básica nula na solução seguinte, sem alteração do valor do objetivo.

Neste caso, a solução é chamada degenerada. Se os coeficientes da função objetivo retornam não negativos em alguma iteração, o caso não apresenta dificuldade. O problema aparece quando as iterações levam a circuitos, sem caracterizar a solução ótima. Embora o caso seja muito raro, há maneiras de solucioná-lo. Entretanto, ao nível desta exposição esse método não tem interesse.

4.5 O PROBLEMA DA SOLUÇÃO ILIMITADA

Isto ocorre quando a variável que entra na base não possui em sua coluna nenhum coeficiente positivo. Os programas de computador, neste caso, apresentam a última solução básica antes que a solução se torne ilimitada.

56 Capítulo 4

4.6 CASO DE SOLUÇÕES MÚLTIPLAS

Se na solução ótima o coeficiente de uma variável não básica é zero, ele poderá entrar na base sem alterar o valor do objetivo, gerando outra solução ótima. Neste caso, qualquer combinação linear dessas duas soluções também será solução ótima.

EXERCÍCIOS (LISTA 4)

1. Resolva pelo Simplex, usando o método do M grande para obter a solução básica inicial.

   Max $z = 2x_1 + 3x_2$

   Sujeito a: $\begin{cases} x_1 + x_2 \geq 10 \\ 2x_1 + x_2 \leq 16 \\ x_1 \geq 0, x_2 \geq 0 \end{cases}$

2. Resolva pelo Simplex, usando o método da função objetivo auxiliar para obter a solução básica inicial.

   Min $z = 3x_1 + 2x_2$

   Sujeito a: $\begin{cases} 2x_1 + x_2 \geq 10 \\ x_1 + 5x_2 \geq 15 \\ x_1 \geq 0, x_2 \geq 0 \end{cases}$

3. Resolva usando Simplex

   Max $z = x_1 + x_2 + 2x_3$

   Sujeito a: $\begin{cases} x_1 + 2x_2 \leq 10 \\ 3x_1 + 4x_2 + x_3 \leq 20 \\ x_1 \geq 0, x_3 \geq 0, x_2 \text{ livre} \end{cases}$

4. Mostre que o problema tem várias soluções.

   Min $z = 2x_1 + 4x_2 + 10x_3$

   Sujeito a: $\begin{cases} x_1 + x_2 + x_3 \leq 120 \\ x_1 + 2x_2 + 5x_3 \geq 30 \\ x_1 \geq 0, x_2 \geq 0, x_3 \geq 0 \end{cases}$

5. Resolva usando Simplex

   Min $z = 2x_1 + 4x_2 + 5x_3$

   Sujeito a: $\begin{cases} x_1 + 2x_2 + 10x_3 \leq 600 \\ x_1 - x_2 + x_3 \geq 50 \\ 2x_1 - x_3 \leq 100 \\ x_1 \geq 0, x_2 \geq 0, x_3 \geq 0 \end{cases}$

6. Verifique se a solução do modelo abaixo é limitada. Qual a melhor solução básica antes que a solução fique ilimitada?

   Max $z = x_1 + 2x_2 + x_3$

   Sujeito a: $\begin{cases} 2x_1 + 3x_2 + x_3 \geq 10 \\ 4x_1 + x_2 + 2x_3 \geq 20 \\ x_1 \geq 0, x_2 \geq 0, x_3 \geq 0 \end{cases}$

7. Minimizar $z = 3x_1 + 2x_2 + x_3$

   Sujeito a: $\begin{cases} 3x_1 + x_2 + 3x_3 \geq 6 \\ 3x_1 + 2x_2 = 6 \\ x_1 - x_2 \leq 1 \\ x_1 \geq 0, x_2 \geq 0, x_3 \geq 0 \end{cases}$

8. Um distribuidor de produtos para festas infantis compra dos produtores chapéus de papel, línguas de sogra e bexigas, e prepara caixas com esses três produtos na forma de *kits* para festas. Observações anteriores mostram que:

   a. A quantidade de chapéus e línguas de sogra deve ser pelo menos 50% do total.

   b. O pacote deve ter pelo menos 20 bexigas.

   c. Cada item deve concorrer com pelo menos 25% do total da caixa.

   O custo dos componentes (em milhares de unidades) é:

   Chapéu de papel: 50.000

   Língua de sogra: 20.000

   Bexigas: 5.000

   Qual a composição da caixa que tem o menor custo?

9. Uma empresa dispõe de recursos produtivos suficientes para produzir 3 diferentes produtos P1, P2 e P3. A capacidade de armazenagem, se fosse fabricado apenas um produto, seria de:

Método Simplex 57

1.000 unidades para P1

900 unidades para P2

1.200 unidades para P3

Espera-se ter que armazenar no máximo a produção de 5 dias. A capacidade de produção por hora para cada produto individualmente é de: 10 unidades para P1; 6 unidades para P2 e 15 unidades para P3. A disponibilidade é de 8h/dia.

A disponibilidade diária de matéria-prima, usada nos 3 produtos, é de 240 kg. O uso por unidade de produto é de: 1,5 kg para P1, 2,4 kg para P2 e 2 kg para P3.

a. Se os lucros unitários são de 500 u.m. para P1, 800 u.m. para P2 e 400 u.m. para P3, qual a produção diária ótima?

b. Carregue o modelo no Solver (Anexo) e confira a solução.

10. Resolva o problema 3 da lista 1.

11. Resolver o problema 11 da lista 1.

12. Resolver o problema 12 da lista 1.

13. Resolver o problema 13 da lista 1.

14. Resolver o problema 15 da lista 1.

RESPOSTAS

1. $x_1 = 0, x_2 = 16, z = 48$

2. $x_1 = 3,89, x_2 = 2,22, z = 16,11$

3. $x_1 = 0, x_2 = 0, x_3 = 20, x_4 = 0, x_5 = 0, z = 40$
$(x_2 = x_5 - x_4)$; solução ilimitada.

4. $x_1 = 0, x_2 = 0, x_3 = 6, xF_1 = 114, z = 60$. A variável não básica x_2 tem coeficiente zero.

5. $x_1 = 50, x_2 = 0, x_3 = 0, xF_1 = 550, xF_2 = 0, xF_3 = 0$, $z = 100$

6. Sol. ilimitada. $x_1 = 0, x_2 = 20, x_3 = 0, xF_1 = 50$, $z = 40$

7. $x_1 = 1,60, x_2 = 0,60, x_3 = 0,20, z = 6,20$

8. $x_1 = 10, x_2 = 10, x_3 = 20, xF_5 = 10, C = 800$

9. a) $x_1 = 80, x_2 = 48, x_3 = 2,4, L_t = 79.360$
b) x_1: produção diária de $P1$; x_2: produção diária de $P2$; x_3: produção diária de $P3$.
Max Lucro = $500x_1 + 800x_2 + 400x_3$, s.a.

$$\frac{1}{1000} \times 5x_1 + \frac{1}{900} \times 5x_2 + \frac{1}{1200} \times 5x_3 \leq 1 \text{ armazém}$$

$1,5x_1 + 2,4x_2 + 2x_3 \leq 240$ matéria-prima

$x_1 \leq 80 \quad x_2 \leq 48 \quad x_3 \leq 120$ capacidade diária

x_1	x_2	x_3	Lucro
80	48	2,4	79.360

Armazen/	67,66408	100
Mat.-prima	240	240
Capacs/	80	80
	48	48
	2,4	120

10. Laranjas: 200, Pêssegos: 400, Tangerinas: 200. Lucro: 14.000

11. $x_m = 1.000, x_e = 550, x_c = 1.200, y_m = 0, y_e = 250, y_c = 0$. Custo = 317.000

12. $x_1 = 0, x_2 = 20, x_3 = 10$. Custo = 7,80

13. $x_1 = 4, x_2 = 0,9966, x_3 = 0$. Custo = 33.891,13

14. $x_1 = 4, x_2 = 3, x_3 = 0,6776$. Custo = 35.815,62

58 Capítulo 4

4.7 ANÁLISE ECONÔMICA

Uma das habilidades mais importantes para quem se dedica ao estudo da Programação Linear é a interpretação dos valores que aparecem na tabela de solução ótima de um problema. Essa interpretação, que é decorrente do método de solução, usa a linguagem do sistema do qual o modelo foi construído. Se você administra o sistema, essas informações permitem que você possa alterar valores controlados sem perder a solução ótima. Também informam as consequências de sair dessa solução.

A análise econômica baseia-se nos coeficientes das variáveis, na função objetivo final. Vamos lembrar que:

1. O quadro final de um modelo de programação linear apresenta variáveis básicas e não básicas.

2. A função objetivo está escrita em termos das variáveis não básicas.

3. O valor das variáveis básicas está na coluna b. O valor das variáveis não básicas é zero.

4. O coeficiente da variável não básica na função objetivo mede a tendência do objetivo com aquela variável. É um valor marginal; indica a variação proporcional no objetivo para pequenos aumentos ou diminuições na variável. Para simplificar o raciocínio, vamos supor sempre aumentos ou diminuições unitárias na variável.

   Posteriormente, em análise de sensibilidade podemos verificar até quantas unidades podemos aumentar ou diminuir da variável, sem alterar a informação contida em seu coeficiente. Esses coeficientes são chamados preços de oportunidade (preços relativos ao programa desenvolvido).

5. No quadro final, a solução é ótima. Um aumento de zero para 1 na variável não básica prejudica o objetivo (lucros diminuem, custos aumentam etc.).

6. Alterações no lucro podem significar alterações em duas outras variáveis: receita e custo.

Exemplo 1:

No programa de produção para o próximo período, a empresa Beta Ltda., escolheu três produtos $P1$, $P2$ e $P3$. O quadro abaixo mostra os montantes solicitados por unidade na produção.

Produto	Contribuição (lucro por unidade)	Horas de trabalho	Horas de uso de máquinas	Demanda máxima
P1	2.100	6	12	800
P2	1.200	4	6	600
P3	600	6	2	600

Os preços de venda foram fixados por decisão política e as demandas foram estimadas tendo em vista esses preços. A firma pode obter um suprimento de 4.800 horas de trabalho durante o período de processamento e pressupõe-se usar três máquinas que podem prover 7.200 horas de trabalho. Estabelecer um programa ótimo de produção para o período.

Solução:

a) Modelo linear:

Variáveis de decisão: $x_1 \rightarrow$ quantidade a produzir de $P1$

$x_2 \rightarrow$ quantidade a produzir de $P2$

$x_3 \rightarrow$ quantidade a produzir de $P3$

Objetivo maximizar o lucro $= 2.100x_1 + 1.200x_2 + 600x_3$

Sujeito às restrições
$$\begin{cases} 6x_1 + 4x_2 + 6x_3 \leq 4.800 \\ 12x_1 + 6x_2 + 2x_3 \leq 7.200 \\ x_1 \leq 800 \\ x_2 \leq 600 \\ x_3 \leq 600 \\ x_1 \geq 0, \ x_2 \geq 0, \ x_3 \geq 0 \end{cases}$$

Sistema de equações correspondentes:

Max $z = 2.100x_1 + 1.200x_2 + 600x_3$

$$\begin{aligned} 6x_1 + 4x_2 + 6x_3 + xF_1 &= 4.800 \\ 12x_1 + 6x_2 + 2x_3 \quad + xF_2 &= 7.200 \\ x_1 \quad\quad + xF_3 &= 800 \\ x_2 \quad\quad + xF_4 &= 600 \\ x_3 \quad\quad + xF_5 &= 600 \end{aligned}$$

Variáveis de folga: $xF_1 \rightarrow$ sobra de recurso horas de trabalho

$xF_2 \rightarrow$ sobra de recurso horas de máquina

$xF_3 \rightarrow$ sobra de recurso mercado de $P1$

$xF_4 \rightarrow$ sobra de recurso mercado de $P2$

$xF_5 \rightarrow$ sobra de recurso mercado de $P3$

60 Capítulo 4

O quadro final pelo método Simplex é o seguinte:

z	x_1	x_2	x_3	xF_1	xF_2	xF_3	xF_4	xF_5	b
1	0	0	0	50	150	0	100	0	1.380.000
0	0	0	1	0,2	− 0,1	0	− 0,2	0	120
0	1	0	0	− 0,03	0,1	0	− 0,47	0	280
0	0	0	0	0,03	− 0,1	1	0,47	0	520
0	0	1	0	0	0	0	1	0	600
0	0	0	0	0,2	0,1	0	0,2	1	480

Solução:

Produzir no período: 280 unidades de *P*1

600 unidades de *P*2

120 unidades de *P*3

Recursos disponíveis: 520 unidades do mercado de *P*1

Após o programa: 480 unidades do mercado de *P*3

O preço de oportunidade do recurso "horas de trabalho" (coeficiente de xF_1 no quadro = 50) indica que:

- Se conseguirmos mais uma hora de trabalho aos custos correntes poderemos aumentar nosso lucro em 50, isto é, poderemos obter nova solução ótima com lucro de 1.380.050.

- Se uma hora a mais de trabalho acarreta o pagamento de adicional extra, o valor 50 indica o limite máximo desse adicional.

- Por exemplo: se o adicional for de 20, a nova hora de trabalho implicará uma nova solução com lucro de 30 a mais que o anterior, portanto o lucro de 1.380.030.

- Se houver falta de uma hora de trabalho, o lucro fica diminuído em 50, caso não haja alteração no custo. Se essa falta for, por exemplo, pela ausência de um funcionário que não terá hora descontada, acrescentar esse valor ao prejuízo causado pela ausência do funcionário.

O preço de oportunidade do recurso "horas de máquina" (coeficiente de xF_2 no quadro = 150), indica que:

- Uma hora a menos de máquina, o que equivale a fazer $xF_2 = 1$, acarreta uma diminuição no lucro de 150. A nova solução ótima nesse caso teria lucro de 1.379.850 desde que não haja alteração nos custos correntes.

- Contratar mais de uma hora de máquina aos custos correntes significa um acréscimo de 150 no lucro. Se esse contrato implica adicional extra, ele deve ser descontado. No caso de aluguel de hora de máquina de terceiros para o programa, o preço de oportunidade 150 indica o máximo que podemos pagar pelo aluguel além de nosso custo corrente. Por exemplo, se nosso custo corrente for de 500, alugar uma hora

Método Simplex **61**

de máquina por menos de 650 aumenta o nosso lucro. Esse aumento corresponde à diferença entre 650 e o valor do aluguel.

▪ Em termos de manutenção e substituição de máquinas, o preço de oportunidade oferece informação para o cálculo do prejuízo devido à quebra e manutenção de uma máquina operando no programa. Se há uma probabilidade de 80% de que uma máquina necessite de uma hora para conserto durante o programa, então, há uma expectativa de: $150 \times 0,8 = 120$ de prejuízo com esse evento (quebra da máquina) no programa, além dos custos pela manutenção.

O preço de oportunidade do recurso "mercado de $P1$" (coeficiente xF_3 no quadro $= 0$) indica que esse recurso não é escasso. O mesmo ocorre com o preço de oportunidade do recurso "mercado de $P3$". Isto pode nos levar a rever o investimento no mercado desses dois produtos. Uma diminuição desses investimentos com consequente diminuição do mercado não afetará nossas vendas, causando um aumento no lucro. Outra maneira de aumentar o lucro neste caso é aumentar o preço de venda dos produtos $P1$ e $P3$. Isto diminui os mercados correspondentes sem afetar as vendas, desde que o mercado não diminua aquém da produção.

O preço de oportunidade de uma unidade do recurso "mercado de $P2$" (coeficiente xF_4 no quadro $= 100$) indica que:

▪ O aumento de uma unidade nesse mercado, aos custos correntes, acarreta um aumento de 100 no lucro, isto é, a nova solução teria lucro de 1.380.100.

▪ Da mesma forma, o cancelamento de uma unidade na compra de um cliente implica um prejuízo de 100, além do custo normal da unidade desse recurso.

▪ Se o departamento de marketing da empresa estimar em 80 o investimento adicional para aumentar em uma unidade o mercado do produto $P2$, esse investimento nos traria um retorno líquido de $100 - 80 = 20$, passando o lucro para 1.380.020. Por investimento adicional entendemos o valor além do custo normal de vendas por unidade nesse mercado.

Exemplo 2:

Um investidor dispõe das atividades rentáveis A e B no início de cada um dos próximos cinco anos. Cada unidade monetária investida em A no início de um ano rende 1,40 (40% de juros) dois anos depois, em tempo para um reinvestimento imediato. Cada u.m. investida em B no início de um ano rende 1,90 (90% de juros) três anos depois. Além disso, as atividades rentáveis C e D estarão cada uma disponível numa certa ocasião no futuro. Cada u.m. investida em C no início do segundo ano rende 2,20 (120% de juros) quatro anos depois. Cada u.m. investida em D no início do quinto ano a partir de agora rende 1,30 um ano depois. O investidor começa com 10.000 u.m. Ele deseja saber qual o plano de investimento que maximiza o dinheiro que ele terá acumulado no início do sexto ano, a partir de agora.

Solução:

Variáveis de decisão: $x_{ij} \rightarrow$ investimento na atividade i, no início do ano j.

$$i = A, B, C, D$$

$$j = 1, 2, 3, 4, 5$$

62 Capítulo 4

Variáveis de folga: $xF_i \to$ sobra de recurso para investimento no início do ano i.
$i = 1, 2, 3, 4, 5$

Fluxo de caixa do investimento:

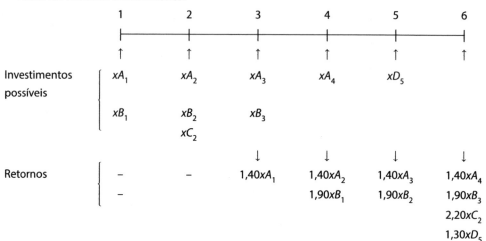

Objetivo: Max. Receita = $1{,}40xA_4 + 1{,}90xB_3 + 2{,}20xC_2 + 1{,}30xD_5$.

Restrições: No início de cada ano, pode-se investir o que sobrar não investido no ano anterior mais os retornos dos investimentos passados.

1º ano $xA_1 + xB_1 \leq 10.000$

2º ano $xA_2 + xB_2 + xC_2 \leq 10.000 - (xA_1 + xB_1)$

3º ano $xA_3 + xB_3 \leq [10.000 - (xA_1 + xB_1)] - (xA_2 + xB_2 + xC_2) + 1{,}40xA_1$

4º ano $xA_4 \leq [10.000 - (xA_1 + xB_1)] - (xA_2 + xB_2 + xC_2) + 1{,}40xA_1 - (xA_3 + xB_3) + 1{,}40xA_2 + 1{,}90xB_1$

5º ano $xD_5 \leq [10.000 - (xA_1 + xB_1)] - (xA_2 + xB_2 + xC_2) + 1{,}40xA_1 - (xA_3 + xB_3) + 1{,}40xA_2 + 1{,}90xB_1 - xA_4 + 1{,}40xA_3 + 1{,}90xB_2$

Reduzindo os termos semelhantes:

Max. Receita = $1{,}40xA_4 + 1{,}90xB_3 + 2{,}20xC_2 + 1{,}30xD_5$
Com:

$xA_1 + xB_1 \leq 10.000$
$xA_1 + xB_1 + xA_2 + xB_2 + xC_2 \leq 10.000$
$-0{,}4xA_1 + xB_1 + xA_2 + xB_2 + xC_2 + xA_3 + xB_3 \leq 10.000$
$-0{,}4xA_1 - 0{,}9xB_1 - 0{,}4xA_2 + xB_2 + xC_2 + xA_3 + xB_3 + xA_4 \leq 10.000$
$-0{,}4xA_1 - 0{,}9xB_1 - 0{,}4xA_2 - 0{,}9xB_2 + xC_2 - 0{,}4xA_3 + xB_3 + xA_4 + xD_5 \leq 10.000$

O quadro final de soluções fica assim:

R	xA_1	xA_2	xA_3	xA_4	xB_1	xB_2	xB_3	xC_2	xD_5	xF_1	xF_2	xF_3	xF_4	xF_5	b
1	0	0,51	0,08	0	0	0	0	0,27	0	0,19	0,57	0,5	0,1	1,3	26.600
0	1	0	0	0	1	0	0	0	0	1	0	0	0	0	10.000
0	0	1	0	0	0	1	0	1	0	-1	1	0	0	0	0
0	0	0	1	0	1,4	0	1	0	0	1,4	-1	1	0	0	14.000
0	0	$-1,4$	0	1	$-1,9$	0	0	0	0	0	0	-1	1	0	0
0	0	1,7	$-1,4$	0	0	0	0	1,9	1	$-1,9$	1,9	0	-1	1	0

Solução:

Investir: 10.000 em *A* no início do primeiro ano

14.000 em *B* no início do terceiro ano

Retorno total: 26.600

Obs.: O problema tem mais de uma solução ótima.

Não há sobra de recursos para investimento, em cada ano: $xF_i = 0$, $i = 1, 2, 3, 4, 5$.

O preço de oportunidade do investimento em *A* no início do segundo ano (coeficiente de $xA_2 = 0,51$) indica que se insistirmos em aplicar uma unidade monetária em *A* no início do segundo ano (fazer $xA_2 = 1$), a nova solução ótima teria a receita diminuída em 0,51, passando para 26.599,49.

O mesmo raciocínio vale para investimentos em *A* no início do terceiro ano (coeficiente de $xA_3 = 0,08$ e para investimentos em *C* no início do segundo ano (coeficiente de $xC_2 = 0,27$). Uma u.m. investida nessas oportunidades diminuiriam o retorno conforme o coeficiente da variável na função objetivo.

O preço de oportunidade da folga de investimento no início do primeiro ano (coeficiente de $xF_1 = 0,19$) indica que se reservássemos uma u.m. no início do primeiro ano, investindo apenas 9.999, e retornássemos com esse capital no início do segundo ano, teríamos a receita diminuída em 0,19 na nova solução ótima. Isto significa que se tivéssemos outra oportunidade de investimento para um ano com retorno maior que 19%, poderíamos usá-la para esse capital, com consequente aumento do retorno no início do sexto ano.

O preço de oportunidade da folga de investimento no início do segundo ano (coeficiente de $xF_2 = 0,57$) indica que a reserva de uma u.m. no início do segundo ano com retorno no início do terceiro ano acarreta uma diminuição de 0,57 no retorno final. A nova solução ótima teria um retorno de 26.599,43.

Se retirássemos do capital a ser investido no início do primeiro ano e retornássemos com esse capital no início do terceiro ano (fazendo $xF_1 = 1$ e $xF_2 = 1$), teríamos uma diminuição de receita de $0,19 + 0,57 = 0,76$. Se tivéssemos a oportunidade de investir uma u.m. no início do primeiro ano com retorno dois anos depois, com taxa maior que 76%, deveríamos usá-la aumentando o retorno total no início do sexto ano.

Se pudéssemos captar dinheiro, por exemplo, no início do quarto ano, cada u.m. acrescida a nosso investimento no início do quarto ano traria um aumento de receita de $0,10 + 1,3 = 1,4$, isto é, renderia 40% de juros. Se a captação tivesse custo menor que 40% para devolução no início do sexto ano, deveríamos usá-la para aumentar nosso retorno.

Dualidade

5

> O modelo dual está aqui colocado com o objetivo de simplificar os cálculos. Para quem tem acesso a *softwares* de solução em Programação Linear, esse objetivo já não se justifica. Entretanto, a análise econômica da solução dual (que pode ser construída a partir da solução primal), pode ser bastante interessante e é um ótimo exercício de entendimento do sistema gerenciado.

5.1 INTRODUÇÃO

Em determinadas situações, a quantidade de cálculos necessária para resolver um modelo linear pelo método Simplex pode ser reduzida. O modelo inicial, chamado *primal*, pode ser substituído por outro modelo chamado *dual*, cuja solução é mais rápida. Vamos mostrar que conhecida a solução do dual, conheceremos em consequência a solução do primal, o que resolve nosso problema.

Considere o modelo de programação linear em que:

a) a função objetivo é de maximização;

b) as restrições são todas do tipo $\leq$;

c) as variáveis são não negativas.

A este modelo chamado primal podemos associar um outro modelo que chamaremos dual, construído da seguinte maneira:

1º *variáveis de decisão do dual*: a cada restrição do primal faremos corresponder uma variável y_i;

2º *objetivo*: a função objetivo será de minimização. Cada uma de suas parcelas será o produto da variável y_i pelo termo da direita da restrição correspondente;

3º *restrições*: cada variável de decisão primal gera uma restrição no dual.

Termos da esquerda: cada termo é o produto da variável dual y_i pelo coeficiente respectivo da variável de decisão primal.

Sinal: sinal do tipo $\geq$.

Termo da direita: é o coeficiente da variável primal na função objetivo.

$4^{\underline{o}}$ As variáveis y_i são todas não negativas.

Exemplo:

Max. $Z = 2x_1 + 3x_2 + x_3$ variáveis duais

$$\text{sujeito a:} \begin{cases} 3x_1 + 4x_2 + 2x_3 \leq 10 & \rightarrow y_1 \\ 2x_1 + 6x_2 + x_3 \leq 20 & \rightarrow y_2 \\ x_1 - x_2 - x_3 \leq 30 & \rightarrow y_3 \end{cases}$$

$$x_1 \geq 0, x_2 \geq 0, x_3 \geq 0$$

Min. $D = 10y_1 + 20y_2 + 30y_3$ (termos da direita)

$$\text{sujeito a:} \begin{cases} 3y_1 + 2y_2 + 1y_3 \geq 2 & \text{coeficientes de } x_1 \\ 4y_1 + 6y_2 - y_3 \geq 3 & \text{coeficientes de } x_2 \\ 2y_1 + y_2 - y_3 \geq 1 & \text{coeficientes de } x_3 \end{cases}$$

$$y_1 \geq 0, y_2 \geq 0, y_3 \geq 0$$

De modo análogo podemos definir o dual do modelo com as características:

a. função objetivo de minimização;

b. restrições do tipo $\geq$;

c. variáveis todas não negativas.

O modelo dual ter então:

a. função objetivo de maximização;

b. restrições do tipo $\leq$;

c. variáveis todas não negativas.

Exemplo:

O dual obtido no exemplo anterior será agora nosso primal.

Primal: Min. $Z = 10x_1 + 20x_2 + 30x_3$ variáveis duais

sujeito a: $\begin{cases} 3x_1 + 2x_2 + x_3 \geq 2 & \rightarrow y_1 \\ 4x_1 + 6x_2 - x_3 \geq 3 & \rightarrow y_2 \\ 2x_1 + x_2 - x_3 \geq 1 & \rightarrow y_3 \end{cases}$

$$x_1 \geq 0, x_2 \geq 0, x_3 \geq 0$$

Dual: Max. $D = 2y_1 + 3y_2 + y_3$ (termos da direita)

Sujeito a: $\begin{cases} 3y_1 + 4y_2 + 2y_3 \leq 10 & \text{coeficientes de } x_1 \\ 2y_1 + 6y_2 + y_3 \leq 20 & \text{coeficientes de } x_2 \\ y_1 - y_2 - y_3 \leq 30 & \text{coeficientes de } x_3 \end{cases}$

$$y_1 \geq 0, y_2 \geq 0, y_3 \geq 0$$

Observe que o dual, obtido a partir de um dual, retorna ao modelo primal.

A partir dessa definição, são verdadeiras as seguintes propriedades:

a. se uma restrição primal é do tipo =, a variável dual correspondente será sem restrição de sinal;

b. se uma variável primal for sem restrição de sinal, a restrição do dual correspondente será do tipo =.

Exemplo:

Primal: Max. $Z = 2x_1 + 3x_2 + x_3$

sujeito a: $\begin{cases} x_1 + x_2 \leq 10 & \rightarrow y_1 \\ 2x_1 + 4x_2 - x_3 = 20 & \rightarrow y_2 \end{cases}$

$$x_1 \geq 0, x_2 \geq 0, x_3 \geq 0$$

Dual: Min. $D = 10y_1 + 20y_2$

sujeito a: $\begin{cases} y_1 + 2y_2 \geq 2 \\ y_1 + 4y_2 \geq 3 \\ -y_2 \geq 1 \end{cases}$

$$y_1 \geq 0, y_2 \text{ livre}$$

5.2 ANALOGIA ENTRE AS SOLUÇÕES PRIMAL E DUAL

a. A cada solução viável básica primal não ótima corresponde uma solução básica inviável dual.

b. A solução ótima primal corresponde à solução ótima dual com $Z = D$.

Dualidade **67**

c. O coeficiente da variável de decisão na função objetivo primal é o valor da variável de folga correspondente na solução dual.

(coeficiente de x_i = valor de yF_i)

d. O coeficiente da variável de folga da função objetivo primal é o valor da variável de decisão correspondente na solução dual.

(coeficiente de xF_i = valor de y_i)

Como o primal é dual do próprio dual, vale o raciocínio no sentido dual → primal.

(coeficiente de y_j = valor de xF_i)
(coeficiente de yF_i = valor de x_i).

Exemplo:

Max. $Z = x_1 + 2x_2 + 3x_3$,

$$\text{sujeito a:} \begin{cases} x_1 + x_2 + x_3 \leq 10 \\ 2x_1 + x_2 + 4x_3 \leq 12 \\ x_1 + 3x_2 - x_3 \leq 9 \end{cases}$$

$$x_1 \geq 0, x_2 \geq 0, x_3 \geq 0$$

O modelo dual correspondente é:

Min. $D = 10y_1 + 12y_2 + 9y_3$,

$$\text{sujeito a:} \begin{cases} y_1 + 2y_2 + y_3 \geq 1 \\ y_1 + y_2 + 3y_3 \geq 2 \\ y_1 + 4y_2 - y_3 \geq 3 \end{cases}$$

$$y_1 \geq 0, y_2 \geq 0, y_3 \geq 0$$

Colocando as variáveis de folga no primal e no dual, teremos:

Primal: Max. $Z = x_1 + 2x_2 + 3x_3$

$$\text{sujeito a:} \begin{cases} x_1 + x_2 + x_3 + xF_1 = 10 \\ 2x_1 + x_2 + 4x_3 + xF_2 = 12 \\ x_1 + 3x_2 - x_3 + xF_3 = 9 \end{cases}$$

No quadro:

Z	x_1	x_2	x_3	xF_1	xF_2	xF_3	b
1	-1	-2	-3	0	0	0	0
0	1	1	1	1	0	0	10
0	2	1	4	0	1	0	12
0	1	3	-1	0	0	1	9

Solução básica viável:

Variáveis básicas	Variáveis não básicas	Valor de Z
$xF_1 = 10$	$x_1 = 0$	$Z = 0$
$xF_2 = 12$	$x_2 = 0$	
$xF_3 = 9$	$x_3 = 0$	

Dual: Min. $D = 10y_1 + 12y_2 + 9y_3$

ou

Max. $(-D) = -10y_1 - 12y_2 - 9y_3$

sujeito a: $\begin{cases} y_1 + 2y_2 + y_3 - yF_1 = 1 \\ y_1 + y_2 + 3y_3 - yF_2 = 2 \\ y_1 + 4y_2 - y_3 - yF_3 = 3 \end{cases}$

No quadro:

D	y_1	y_2	y_3	yF_1	yF_2	yF_3	c
-1	10	12	9	0	0	0	0
0	1	2	1	-1	0	0	1
0	1	1	3	0	-1	0	2
0	1	4	-1	0	0	-1	3

Solução inviável:

Variáveis básicas	Variáveis não básicas	Valor de D
$yF_1 = -1$	$y_1 = 0$	$D = 0$
$yF_2 = -2$	$y_2 = 0$	
$yF_3 = -3$	$y_3 = 0$	

Correspondência:

coeficiente de $x_1 = -1 \rightarrow$ valor de $yF_1 = -1$
coeficiente de $x_2 = -2 \rightarrow$ valor de $yF_2 = -2$
coeficiente de $x_3 = -3 \rightarrow$ valor de $yF_3 = -3$
coeficiente de $xF_1 = 0 \rightarrow$ valor de $y_1 = 0$
coeficiente de $xF_2 = 0 \rightarrow$ valor de $y_2 = 0$
coeficiente de $xF_3 = 0 \rightarrow$ valor de $y_3 = 0$
valor de $x_1 = 0 \rightarrow$ coeficiente de $yF_1 = 0$
valor de $x_2 = 0 \rightarrow$ coeficiente de $yF_2 = 0$
valor de $x_3 = 0 \rightarrow$ coeficiente de $yF_3 = 0$
valor de $xF_1 = 10 \rightarrow$ coeficiente de $y_1 = 10$
valor de $xF_2 = 12 \rightarrow$ coeficiente de $y_2 = 12$
valor de $xF_3 = 9 \rightarrow$ coeficiente de $y_3 = 9$
valor de $Z = 0 \rightarrow$ valor de $D = 0$.

A próxima solução viável básica do primal, com a entrada da variável x_3 (coeficiente – 3) e a saída da variável xF_2 ($12 \div 4 = 3$), após o pivotamento, será:

Z	x_1	x_2	x_3	xF_1	xF_2	xF_3	b
1	0,5	– 1,25	0	0	0,75	0	9
0	0,5	0,75	0	1	– 0,25	0	7
0	0,5	0,25	1	0	0,25	0	3
0	1,5	3,25	0	0	0,25	1	12

Solução:

Variáveis básicas	Variáveis não básicas	Valor de Z
$x_3 = 3$	$x_1 = 0$	$Z = 9$
$xF_1 = 7$	$x_2 = 0$	
$xF_3 = 12$	$xF_2 = 0$	

Usando a correspondência descrita, vamos montar o quadro dual correspondente:

coeficientes de $x_i \rightarrow$ valores de yF_i
coeficientes de $xF_i \rightarrow$ valores de y_i
valores de $x_i \rightarrow$ coeficientes de yF_i
valores de $xF_i \rightarrow$ coeficiente de y_i

70 Capítulo 5

No quadro:

D	y_1	y_2	y_3	yF_1	yF_2	yF_3	c
−1	7	0	12	0	0	3	−9
		0		1	0		0,5
		0		0	1		−1,25
		1		0	0		0,75

Solução:

Variáveis básicas	Variáveis não básicas	Valor de D
$y_2 = 0{,}75$	$y_1 = 0$	$D = 9$
$yF_1 = 0{,}5$	$y_3 = 0$	
$yF_2 = -1{,}25$	$yF_3 = 0$	

O terceiro quadro primal fornece a solução ótima.

Z	x_1	x_2	x_3	xF_1	xF_2	xF_3	b
1	1,077	0	0	0	0,846	0,385	13,615
0	0,154	0	0	1	−0,308	−0,231	4,231
0	0,385	0	1	0	0,231	−0,077	2,077
0	0,461	1	0	0	0,077	0,308	3,692

Solução:

Variáveis básicas	Variáveis não básicas	Valor de Z
$x_2 = 3{,}692$	$x_1 = 0$	$Z = 13{,}615$
$x_3 = 2{,}077$	$xF_2 = 0$	
$xF_1 = 4{,}231$	$xF_3 = 0$	

Usando a correspondência descrita, podemos montar o quadro dual:

D	y_1	y_2	y_3	yF_1	yF_2	yF_3	c
−1	4,321	0	0	0	3,692	2,077	−13,615
0		0	0	1	0		1,077
0		1	0	0	−1		0,846
0		0	1	0	0		0,385

Solução:

Variáveis básicas	Variáveis não básicas	Valor de D
$y_2 = 0{,}846$	$y_1 = 0$	$D = 13{,}615$
$y_3 = 0{,}385$	$yF_2 = 0$	
$yF_1 = 1{,}077$	$yF_3 = 0$	

Dualidade **71**

A solução dual também é ótima.

Conclusão: Dado um problema de programação linear, podemos escolher entre solucionar o modelo primal ou o modelo dual correspondente. A escolha leva em consideração o esforço computacional, que depende do número de restrições, variáveis artificiais etc.

5.3 INTERPRETAÇÃO ECONÔMICA DO DUAL

Vamos considerar o exemplo de programação da produção de dois itens $P1$ e $P2$, a partir dos recursos $R1$ e $R2$. O quadro abaixo resume os dados.

Produtos	Recurso $R1$ uso por unidade	Recurso $R2$ uso por unidade	Lucro por unidade
P1	2	10	50
P2	3	5	90
Disponibilidade de recursos	300	1.000	

O modelo linear, onde x_1 e x_2 são as decisões de produção no período programado, é:

Max. Lucro $= 50x_1 + 90x_2$

Sujeito a: $\begin{cases} 2x_1 + 3x_2 \leq 300 \\ 10x_1 + 5x_2 \leq 1.000 \end{cases}$

$$x_1 \geq 0, x_2 \geq 0$$

O quadro final de resolução pelo Simplex, onde xF_1 e xF_2 são as sobras dos recursos $R1$ e $R2$, é:

Z	x_1	x_2	xF_1	xF_2	b
1	10	0	30	0	9.000
0	0,67	1	0,33	0	100
0	6,65	0	$-1,65$	1	500

O modelo dual correspondente é:

Min. $D = 300y_1 + 1.000y_2$

Sujeito a: $\begin{cases} 2y_1 + 10y_2 \geq 50 \\ 3y_1 + 5y_2 \geq 90 \end{cases}$

$$y_1 \geq 0, y_2 \geq 0$$

O quadro final de solução, derivado da solução primal, é:

72 Capítulo 5

D	y_1	y_2	yF_1	yF_2	c
– 1	0	500	0	100	– 9.000
0	1		0		30
0	0		1		10

- O valor de y_1 ($y_1 = 30$), foi obtido do coeficiente de xF_1, e representa, portanto, o valor de oportunidade do recurso $R1$, isto é, cada unidade do recurso $R1$ tem capacidade de gerar um lucro de 30.

  O valor de y_2 ($y_2 = 0$), foi obtido do coeficiente de xF_2, indicando o valor de oportunidade do recurso $R2$. O resultado é coerente, já que o recurso $R2$ não é escasso ($xF_2 = 500$).

  O valor de y_1 é, portanto, o valor de oportunidade por unidade do recurso $R1$, isto é, a capacidade da unidade do recurso gerar lucro, neste programa.

- Na função objetivo dual, cada parcela mede, então, o valor de oportunidade dos recursos envolvidos na produção (estoque × valor de oportunidade unitário do recurso). A função objetivo dual mede, portanto, a capacidade de o estoque de recursos gerar lucro.

  Na resolução ótima, este valor coincide com o lucro atribuído aos produtos pelo mercado, isto é, o valor de oportunidade dos produtos no mercado.

- Cada uma das restrições compara o valor de oportunidade atribuído aos produtos pelos recursos, com o valor de oportunidade atribuído aos produtos pelo mercado.

  Na primeira restrição, por exemplo, $2y_1 + 10y_2$ está indicando que o produto $P1$, que usa duas unidades de $R1$ e 10 de $R2$, tem esse valor de oportunidade calculado em termos desses produtos. O lado esquerdo, 50, indica o valor de oportunidade atribuído pelo mercado. Este valor é também chamado valor externo, em contraposição ao valor atribuído pelos recursos, chamado valor inteiro.

  Quando a remuneração do mercado (valor externo) cobre o valor interno, o produto é fabricado (a diferença $yF_i = 0$, portanto x_i é básico). Se o valor de mercado for menor que o valor interno, o produto não será fabricado. Isto quer dizer que existe uso alternativo para os recursos no programa, que é capaz de gerar lucro e equivalente o seu valor de oportunidade.

EXERCÍCIOS (LISTA 5)

1. Suponha que um problema de produção tenha como modelo:

   Max. $L = x_1 + 0{,}3x_2 + 3x_3$

   sujeito a: $\begin{cases} x_1 + x_2 + x_3 \leq 10 \\ 2x_1 + x_2 + 4x_3 \leq 12 \\ x_1 + 3x_2 - x_3 \leq 9 \end{cases}$

   $x_1 \geq 0, x_2 \geq 0, x_3 \geq 0$

Dualidade **73**

e que o quadro final de solução pelo Simplex seja:

L	x_1	x_2	x_3	xF_1	xF_2	xF_3	b
1	0,5	0,45	0	0	0,75	0	9
0	0,5	0,75	0	1	-0,25	0	7
0	0,5	0,25	1	0	0,25	0	3
0	1,5	3,25	0	0	0,25	1	12

onde x_i são as decisões de fabricação dos produtos Pi e xF_i as sobras dos recursos Ri no programa. O objetivo é maximizar o lucro devido a produção e comercialização dos produtos.

Responder às perguntas:

a. Qual a solução mostrada no quadro?

b. Quais os recursos escassos?

c. O que ocorreria com o objetivo se por um motivo de força maior tivéssemos que fabricar uma unidade de $P1$?

d. Se alguém quisesse adquirir uma unidade do recurso $R1$, você estaria disposto a vender? Qual o preço que compensa a venda?

e. Se alguém insistir em comprar uma unidade do recurso $R2$, que preço de venda compensaria o fato de ele ser escasso?

f. Construa o modelo dual do problema.

g. Construa o quadro final de solução do modelo dual, com os coeficientes que realmente interessam. Qual a solução dual?

h. O que significa a variável dual y_1?

i. O que mede a função objetivo dual?

j. O que mede o lado esquerdo da segunda restrição dual? E o lado direito?

l. Em termos de valores interno e externo, como podemos justificar a não fabricação de $P2$ no programa?

m. Em termos de valores interno e externo, como podemos justificar a produção de $P3$?

n. Quanto você pagaria por uma unidade adicional do recurso $R2$? Por quê?

o. Quanto você pagaria por uma unidade adicional do recurso $R3$? Por quê?

2. Um pecuarista prepara ração a partir de três ingredientes, que contêm três nutrientes indispensáveis na alimentação dos animais. A Tabela 5.1 mostra a composição, exigências e custos dos elementos na mistura.

O objetivo é atender às exigências com o menor custo. Pode-se:

a. Construir o modelo linear do problema, onde x_i são as quantidades dos ingredientes usados por kg de ração.

b. Construir o modelo dual correspondente.

c. Resolver o problema pelo método Simplex (sugestão: resolva o modelo dual, que exige menos cálculos). Construa o quadro final primal e dual.

d. O que representam as xF_i?

e. O que representam, no caso, as variáveis y_i?

f. O que representam, no problema, as variáveis yF_i?

g. O que mede a função objetivo dual?

h. O que mede o lado esquerdo da segunda restrição dual? E o lado direito?

Tabela 5.1

Ingredientes	Nutrientes (% por kg de ingrediente)			Custo ingredientes em u.m. por kg
	Nutriente 1	Nutriente 2	Nutriente 3	
1	50	20	10	200
2	20	30	30	150
3	10	20	50	240
exigência mínima em kg por saco de 40 kg	6	5	8	

74 Capítulo 5

i. O que mede o lado esquerdo da primeira restrição primal? E o lado direito?

j. O que significa para o plano ótimo aumentar a exigência de seis para sete kg na participação do nutriente 1 no saco de ração?

3. Um distribuidor dispõe de um armazém com 100.000 m^3 para estocar produtos para venda futura. Ele dispõe de 30.000.000 u.m. para a compra, e pretende adquirir três produtos cujos dados estão na Tabela 5.2.

Pede-se:

a. Construa o modelo linear do problema, em que, x_i representam as decisões de compra dos produtos Pi, xF_1 folga do capital e xF_2 folga de espaço para estocagem.

b. Construa o modelo dual correspondente.

c. Resolva pelo Simplex o modelo primal. Construa o quadro da solução ótima do modelo dual.

d. Qual a composição de compra que melhor serve ao distribuidor?

e. O que significa a função objetivo dual?

f. O que significam as variáveis de decisão dual?

g. O que significam as variáveis de folga duais?

h. Considere a primeira restrição primal: o que mede seu lado esquerdo? E o lado direito?

i. Considere a segunda restrição dual: o que mede seu lado esquerdo? E o lado direito?

j. Qual a consequência para o plano ótimo se tivéssemos mais 1 m^3 de espaço de estocagem, a um custo de 20 u.m.? Por quê?

l. O que ocorre com a solução ótima, se dispuséssemos de mais 100 u.m. a um custo de 10%? Por quê?

Tabela 5.2

Produtos	Custo por unidade	Preço de venda por unidade	Espaço para estocagem em m^3
P1	240	300	10
P2	90	120	1
P3	300	420	5

RESPOSTAS

1a) Solução do quadro: Produzir 3 unidades de $P3$. Sobra de recursos: 7 unidades de $R1$ e 12 unidades de $R3$. Lucro 9,00

1b) Recursos escassos: $R2$

1c) O novo programa ótimo teria lucro de $9 - 0,5 = 8,50$

1d) Venderia pelo valor de mercado (preço de custo), pois há sobra deste recurso.

1e) O preço de venda deve ser pelo menos o seu custo mais o seu valor de oportunidade 0,75.

1f) Modelo dual: $\min D = 10y_1 + 12Y_2 + 9y_3$ s.a. $y_1 + 2y_2 + y_3 \geq 1$; $y_1 + y_2 + 3y_3 \geq 0,3$; $y_1 + 4y_2 - y_3 \geq 3$, com $y_1 \geq 0, Y_2 \geq 0, y_3 \geq 0$.

1g) Quadro de solução ótima dual:

D	y_1	y_2	y_3	yf_1	yf_2	yf_3	C
-1	7	0	12	0	0	3	-9
0	$-$	1	$-$	0	0	$-$	0,75
0	$-$	0	$-$	1	0	$-$	0,45
0	$-$	0	$-$	0	1	$-$	0,50

de onde: $y_1 = 0$; $y_2 = 0,75$; $y_3 = 0$; $D = 9$.

1h) O valor da variável dual y_1 é o valor de oportunidade do recurso $R1$, isto é, a capacidade de uma unidade deste recurso de gerar lucro.

1i) A função objetivo dual mede o valor de oportunidade do estoque dos recursos, ou seja, a capacidade do estoque dos recursos de gerar lucro.

1j) O lado esquerdo da segunda restrição dual mede o valor interno do produto $P2$, calculado em termos dos recursos nele empregados. O lado direito mede o valor externo ou valor de mercado de $P2$, ou seja, a capacidade do mercado de atribuir lucro a $P2$.

1l) O valor interno de $P2$ é $y_1 + y_2 + 3y_3 = 0,75$ e o valor externo 0,3. Portanto, o mercado não remunera suficientemente o produto $P2$ (valor interno maior que o valor externo) e não devemos produzi-lo.

1m) O valor interno de $P3$ é $y_1 + 4y_2 - y_3 = 3$ e o valor externo é 3. Portanto, o mercado remunera convenientemente o produto $P3$ e podemos produzi-lo.

1n) Pagaria no máximo 0,75 além do preço normal de mercado (meu preço de custo), pois o recurso $R2$ tem capacidade de gerar lucro de 0,75, gerando a receita custo + 0,75.

1o) Em princípio não tenho interesse em adquirir uma unidade de $R3$ porque há sobra deste recurso no meu programa.

2a) Modelo linear

1. Variáveis de decisão. x_1: quantidade (em kg) de ingrediente 1 em 40 kg de ração; x_2: quantidade (em kg) de ingrediente 2 em 40 kg de ração; x_3: quantidade (em kg) de ingrediente 3 em 40 kg de ração.

2. Objetivo. Min custo do saco de ração = $200x_1 + 150x_2 + 240x_3$

3. Restrições. $0,50x_1 + 0,20x_2 + 0,10x_3 \geq 6$ ou $50x_1 + 20x_2 + 10x_3 \geq 600$ nutriente 1

$0,20x_1 + 0,30x_2 + 0,20x_3 \geq 5$ ou $20x_1 + 30x_2 + 20x_3 \geq 500$ nutriente 2

$0,10x_1 + 0,30x_2 + 0,50x_3 \geq 8$ ou $10x_1 + 30x_2 + 50x_3 \geq 800$ nutriente 3

2b) Modelo dual. Max D = $600y_1 + 500y_2 + 800y_3$, sujeito a

$50y_1 + 20y_2 + 10y_3 \leq 200$
$20y_1 + 30y_2 + 30y_3 \leq 150$
$10y_1 + 20y_2 + 50y_3 \leq 240$

2c) Solução do modelo dual.

Quadro inicial.

	y_1	y_2	y_3	yf_1	yf_2	yf_3	C	
1	−600	−500	−800	0	0	0	0	Entra y_3
0	50	20	10	1	0	0	200	sai: 200 : 10 = 20
0	20	30	30	0	1	0	150	150 : 30 = 5
0	10	20	50	0	0	1	240	240 : 50 = 4,8

Quadro final

D	y_1	y_2	y_3	yf_1	yf_2	yf_3	C
1	0	315,38	0	1,54	26,15	0	4230,77
0	1	0,23	0	0,02	−0,01	0	3,46
0	0	0,85	1	−0,02	0,04	0	2,69
0	0	−24,62	0	0,54	−1,85	1	70,77

Quadro primal

C	x_1	x_2	x_3	xf_1	xf_2	xf_3	B
−1	0	0	70,77	3,46	0	2,69	−4230,8
0	1	0			0		1,54
0	0	1			0		26,15
0	0	0			1		315,38

2d) xf_1 representa o excesso de nutriente 1 no saco da ração, em relação a exigência no caso.

Xf_2 representa o excesso de nutriente 2 no saco da ração, em relação a exigência no caso.

Xf_3 representa o excesso de nutriente 3 no saco da ração, em relação a exigência no caso.

2e) y_1 representa o valor de oportunidade do nutriente 1, isto é, o valor acima do custo deste nutriente. O uso de uma unidade a mais do nutriente na mistura, aumente o custo da mistura em 3,46.

76 Capítulo 5

y_2 o mesmo que y_1 em relação ao nutriente 2. No caso, uma unidade a mais do nutriente 2 não aumenta o custo da mistura.

y_3 idem. O aumento de custo é de 2,69.

2f) yf_1 é o valor de oportunidade do ingrediente 1, ou seja, o acréscimo no custo com a introdução de uma unidade do ingrediente 1 na mistura. No caso o valor é zero.

y_2 idem em relação ao ingrediente 2.

yf_3 Idem em relação ao ingrediente 3. No caso o acréscimo é de 70,77.

2g) A função objetivo dual mede o valor de oportunidade da mistura em função dos níveis mínimos de nutrientes requeridos na sua composição.

2h) O lado esquerdo da segunda restrição dual $20y_1 + 30y_2 + 30y_3$, mede o valor interno (ou de oportunidade) do ingrediente 2; o lado direito mede o valor externo ou de mercado deste ingrediente.

2i) O lado esquerdo da primeira restrição primal, mede o aporte do nutriente1, a partir dos três ingredientes. O lado direito mede a necessidade mínima deste nutriente na mistura.

2j) Se a exigência mínima aumenta de 6 para 7 kg na participação do nutriente 1 por saco de ração, o custo da mistura aumenta em 3,46.

3a) Modelo primal.

1) Variáveis de decisão, x_1: quantidade a adquirir de P1; x_2: quantidade a adquirir de P2; x_3: quantidade a adquirir de P3.

2) Objetivo: max Lucro = $60x_1 + 30x_2 + 80x_3$

3) Restrições: $10x_1 + x_2 + 5x_3 \leq 100.000$ espaço de estocagem

$240x_1 + 90x_2 + 300x_3 \leq 30.000.000$ orçamento

3b) Modelo dual. Min $D = 30.000.000y_1 + 100.000y_2$, sujeito a:

$240y_1 + 10y_2 \geq 60$

$90y_1 + y_2 \geq 30$

$300y_1 + 5y_2 \geq 80$

3c) Solução do modelo primal

Quadro final

L	x_1	x_2	x_3	xf_1	xf_2	b
1	240	0	70	30	0	3.000.000
0	10	1	5	1	0	100.000
0	−660	0	150	−90	1	200.000

Quadro da solução ótima dual

D	y_1	y_2	yf_1	yf_2	yf_3	C
1	0	200.000	0	100.000	0	3.000.000
0	1	–	0	–	0	30
0	0	–	1	–	0	240
0	0	–	0	–	1	70

3d) Composição: comprar 100.000 unidades de P2.

3e) A função objetivo dual mede o valor de oportunidade (capacidade de gerar lucro, no caso) dos recursos capital e espaço de estocagem.

3f) y_1 é o valor de oportunidade (capacidade de gerar lucro) da unidade do recurso espaço de estocagem.

y_2 idem em relação ao recurso orçamento.

3g) yf_1 é a diferença entre o valor interno e o externo do produto 1

yf_2 é a diferença entre o valor interno e o externo do produto 2.

3h) A expressão: $10x_1 + x_2 + 5x_3$ mede o uso do espaço de estocagem pelos produtos. O lado direito mede a disponibilidade deste recurso.

3i) A expressão $90y_1 + y_2$ mede o valor de oportunidade (valor interno) do produto $P2$. O lado direito mede o valor externo do produto $P2$, ou então, o lucro atribuído a $P2$ pelo mercado.

3j) De tivéssemos mais 1 metro cúbico de espaço de estocagem, aumentaríamos nosso lucro em 30 + custo atual de 1 metro cúbico de espaço – 20, pois cada unidade de espaço de estocagem gera uma receita de 30 + custo de 1 metro cúbico de área de estocagem.

3l) Não interessa alocar mais unidades de capital pois o programa apresenta sobra deste recurso (200.000).

Problema do Transporte

6

O Problema do Transporte é comum em Programação Linear. Ele está aqui tratado separadamente por apresentar um método de solução menos trabalhoso que o SIMPLEX. Sob o ponto de vista computacional isso não importa. A solução é pelo SIMPLEX. Mas a construção deste modelo e seu equilíbrio merecem tratamento diferenciado. Alguns aspectos são importantes: tratamento de sistemas não equilibrados e as soluções degeneradas.

6.1 INTRODUÇÃO

Vamos considerar a situação descrita a seguir: temos que transportar produtos das várias origens onde estão estocados para vários destinos onde são necessários. Conhecemos os custos unitários de transporte de cada origem para cada destino (C_{ij} – custo unitário de transporte da origem *i* para o destino *j*). Devemos decidir quanto transportar de cada origem para cada destino (X_{ij} – quantidade a ser transportada da origem *i* para o destino *j*).

O objetivo é completar a transferência dos produtos com o menor custo possível. Em princípio, vamos supor que a quantidade disponível nas origens seja exatamente igual ao total das necessidades nos destinos.

Exemplo:

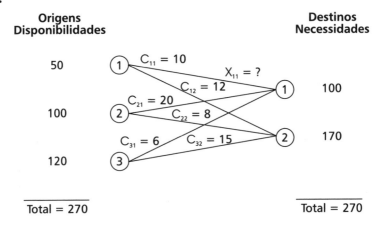

78 Capítulo 6

Essa situação pode ser representada de maneira simples em uma tabela:

Destinos j / Origens i	D_1	D_2	Disponibilidades
O_1	10	12	50
O_2	20	8	100
O_3	6	15	120
Necessidades	100	170	270 / 270

Onde se lê:

- as disponibilidades nas origens;
- as necessidades nos destinos;
- os custos unitários de transporte de cada origem para cada destino.

6.1.1 O modelo linear do transporte

Variáveis de decisão: X_{ij} – Quantidade a ser transportada da origem i para o destino j.
Objetivo: minimizar o custo do transporte.

$$\text{min. } C = 10X_{11} + 12X_{12} + 20X_{21} + 8X_{22} + 6X_{31} + 15X_{32}$$

onde:

$10X_{11} =$ custo unitário de transporte da origem 1 para o destino 1

$\times$

quantidade a ser transportada da origem 1 para o destino 1

$=$

custo do transporte da origem 1 para o destino 1

Restrições:

As quantidades retiradas das origens devem ser a disponibilidade em cada uma:

Origem 1 – retiradas	$X_{11} + X_{12} = 50$	Disponibilidade O_1
Origem 2 – retiradas	$X_{21} + X_{22} = 100$	Disponibilidade O_2
Origem 3 – retiradas	$X_{31} + X_{32} = 120$	Disponibilidade O_3

As quantidades transportadas para cada destino devem ser a necessidade em cada um deles:

Destino 1 – Chegadas $\quad X_{11} + X_{21} + X_{31} = 100 \quad$ necessidade D_1

Destino 2 – Chegadas $\quad X_{12} + X_{22} + X_{32} = 170 \quad$ necessidade D_2

O modelo fica então resumido a:

$$\min. C = 10X_{11} + 12X_{12} + 20X_{21} + 8X_{22} + 6X_{31} + 15X_{32}$$

$$\text{Sujeito a:} \begin{cases} X_{11} + X_{12} = 50 \\ X_{21} + X_{22} = 100 \\ X_{31} + X_{32} = 120 \\ X_{11} + X_{21} + X_{31} = 100 \\ X_{12} + X_{22} + X_{32} = 170 \end{cases}$$

$$X_{ij} \geq 0 \text{ para } i = 1, 2, 3 \text{ e } j = 1, 2.$$

6.1.2 O caso de sistemas não equilibrados

O modelo descrito anteriormente pode representar também sistemas de transporte que não obedeçam à condição de equilíbrio entre oferta (disponibilidade nas origens) e demanda (necessidade de destinos).

O enquadramento no modelo se faz com a criação de origens ou destinos auxiliares para receber a diferença entre oferta e demanda. Os custos unitários para origens ou destinos auxiliares é zero. Na solução do modelo, as quantidades que eventualmente sejam transportadas de origens auxiliares ficam faltando nos destinos. As quantidades que são transportadas para destinos auxiliares, na verdade ficam depositadas nas origens.

Exemplo: O modelo representado no quadro está desequilibrado

	D_1	D_2	D_3	
O_1	10	12	9	20
O_2	4	9	8	30
O_3	6	12	10	10
	25	36	5	66 / 60

Criando-se uma origem auxiliar para receber a diferença $66 - 60 = 6$, teremos o sistema equilibrado:

80 Capítulo 6

	D_1	D_2	D_3	
O_1	10	12	9	20
O_2	4	9	8	30
O_3	6	12	10	10
A	0	0	0	6
	25	36	5	66 / 66

Uma solução possível para o problema é mostrada no quadro, onde o valor das células representa as quantidades transportadas de cada origem para cada destino.

	D_1	D_2	D_3	
O_1	20			20
O_2	5	25		30
O_3		10		10
A		1	5	6
	25	36	5	

As quantidades $X_{A2} = 1$ e $X_{A3} = 5$ transportadas a partir da origem auxiliar A, na verdade, ficam faltando nos destinos, isto é, o destino D_2, recebe apenas 35 unidades. O destino D_3 não recebe nenhuma mercadoria.

6.2   O ALGORITMO DOS TRANSPORTES

A solução do problema do transporte, como todo problema representado por um modelo de programação linear, pode ser obtida pelo método Simplex. Entretanto, devido a suas características especiais, podemos descrever um método que, embora mantenha fazes e critérios do Simplex, tem os cálculos simplificados.

1ª Parte – CÁLCULO DA SOLUÇÃO BÁSICA INICIAL

Uma solução básica para o problema é um conjunto de valores a transportar que obedecem a duas condições:

■ satisfazem as restrições de origem e destino;

■ não apresentam circuitos entre as variáveis básicas. Por circuitos devemos entender uma poligonal fechada construída no sentido das linhas ou colunas, ligando variáveis básicas.

Exemplo de circuito:

20	10		30
	6		6
12	9	7	28
32	25	7	

Vamos apresentar dois métodos para a construção da solução inicial:

a. Método do canto noroeste

A partir da cela superior esquerda transportamos o máximo possível da origem ao destino correspondente. Esse procedimento zera a disponibilidade da linha ou da coluna da cela. O próximo transporte será feito na cela contígua (à direita ou abaixo) que tenha disponibilidade de linha e coluna correspondente.

Exemplo: Calcular a solução inicial do quadro de transportes:

	D_1	D_2	D_3	
O_1	12	9	8	10
O_2	13	12	6	20
O_3	7	9	5	10
A	3	2	8	15
	8	30	17	55 / 55

Solução:

8	2		1̶0̶	2̶ 0
	20		2̶0̶	0
	8	2	1̶0̶	2̶ 0
		15	1̶5̶	0
8̶ 0	3̶0̶	1̶7̶	55 / 55	
	2̶8̶	1̶5̶		
	8̶			
	0	0		

82 Capítulo 6

1º transporte: $X_{11} = 8$ (primeira linha mantém disponibilidade de 2)

2º transporte: $X_{12} = 2$ (segunda coluna mantém disponibilidade de 28)

3º transporte: $X_{22} = 20$ (segunda coluna mantém disponibilidade de 8)

4º transporte: $X_{23} = 8$ (terceira linha mantém disponibilidade de 2)

5º transporte: $X_{33} = 2$ (terceira coluna mantém disponibilidade de 15)

6º transporte: $X_{43} = 15$

O método do canto noroeste garante a não formação de circuitos entre as variáveis básicas, além de satisfazer as condições de contorno (restrições de origem e destino).

b. Método de Vogel ou método das penalidades

Penalidade em uma linha ou coluna é a diferença positiva entre os dois custos de menor valor na linha ou coluna.

A ideia desse método é fazer o transporte com prioridade na linha ou coluna que apresenta a maior penalidade. Como o transporte é feito na célula de menor custo, tenta-se evitar com isso o transporte na célula de custo maior, evitando-se assim incorrer num aumento de custo igual à penalidade calculada.

Descrição do método:

a. Calcular a penalidade para cada linha ou coluna. Escolher a linha ou coluna para transporte, que tenha a maior penalidade. Caso haja empate, escolha arbitrariamente uma delas.

b. Transportar o máximo possível na linha ou coluna escolhida, elegendo a célula de menor custo unitário de transporte. Esse procedimento zera a oferta ou demanda da célula correspondente. A linha ou coluna que tenha sua disponibilidade zerada deve ser eliminada.

c. Retornar ao item *a*, até que todos os transportes tenham sido realizados.

Exemplo: Calcular pelo método de Vogel uma solução inicial para o problema de transporte do quadro:

	D_1	D_2	D_3	
O_1	12	9	8	10
O_2	13	12	6	20
O_3	7	9	5	10
O_4	3	2	8	15
	8	30	17	55 / 55

Problema do Transporte

Solução:

1º Transporte

Primeiro grupo de penalidades

	D_1	D_2	D_3		Penalidade
O_1	12	9	8	10	9 – 8 = 1
O_2	13	12	6	20	12 – 6 = 6
O_3	7	9	5	10	7 – 5 = 2
O_4	3	2	8	15	3 – 2 = 1
	8	30	17		

Penalidade: 7 – 3 = 4   9 – 2 = 7   6 – 5 = 1

↑ maior penalidade

Primeiro transporte: na segunda coluna (maior penalidade), na célula de menor custo (2)

	D_1	D_2	D_3	
O_1				10
O_2				20
O_3				10
O_4		15		~~15~~ 0
	8	~~30~~ 15	17	

A linha 4 tem agora disponibilidade zero e será eliminada.

2º transporte

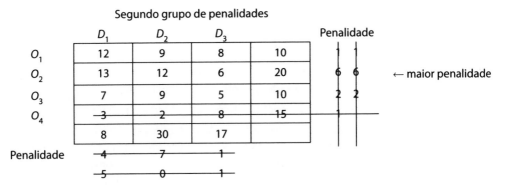

84 Capítulo 6

Segundo transporte: na segunda linha (maior penalidade), terceira coluna (menor custo)

	D_1	D_2	D_3	
O_1				10
O_2			17	~~20~~ 3
O_3				10
O_4		15		~~15~~ 0
	8	~~30~~ 15	~~17~~ 0	

A coluna 3 será eliminada (disponibilidade zero).

Os outros transportes serão feitos da mesma forma até que o quadro se complete.

2ª Parte – CRITÉRIO DE OTIMALIDADE

Obtida uma solução inicial para o quadro de transportes, o passo seguinte é verificar se essa solução pode ou não ser melhorada. Como no método Simplex, isso pode ser avaliado observando-se os coeficientes das variáveis não básicas na função objetivo, que deverá estar escrita em termos dessas variáveis.

Descrição:

a. Escrever a função objetivo em termos das variáveis não básicas.

Para tanto, vamos multiplicar cada restrição de linha pelo número $- U_i$, e cada restrição de coluna pelo número $- V_j$, e somar as novas linhas e colunas na função objetivo de tal maneira que os coeficientes das variáveis básicas sejam todos nulos.

Teremos, então:

se X_{ij} é básico: $C_{ij} - U_i - V_j = 0$

Essas igualdades compõem um sistema de $m + n - 1$ equações com $m + n$ incógnitas. A solução do sistema pode ser obtida atribuindo-se um valor arbitrário a uma das incógnitas e calculando-se o valor das outras.

Com esses valores, calculamos os coeficientes das variáveis não básicas:

X_{ij} não básico: coeficiente $= C_{ij} - U_i - V_j$

Se todos esses valores forem positivos, a solução é ótima. Se houver coeficiente negativo, a variável correspondente entra na base para melhorar o valor do objetivo.

b. Entrar com a variável cujo coeficiente negativo tenha o maior valor absoluto.

c. Montar um circuito de compensação entre as variáveis básicas, a partir da variável que entra. Esse circuito é feito partindo-se da variável que entra e seguindo-se alternativamente na direção da linha e da coluna, subtraindo e somando o valor da entrada até o retorno à variável de entrada. Com isso as restrições de linha e coluna ficam satisfeitas.

Problema do Transporte **85**

d. Escolher para a variável que entra o maior valor possível, sem tornar nenhuma variável básica negativa. Esse valor corresponde ao menor valor das células onde a variável que entra estiver sendo subtraída. Teremos, então, uma nova solução básica.

e. Voltar ao item *a*, até que a solução seja ótima, isto é, não apresente coeficiente negativo nas variáveis não básicas.

Exemplo: Calcular o plano de transporte de menor custo para o problema representado no quadro:

	D_1	D_2	D_3	
O_1	6	5	8	10
O_2	13	12	1	20
O_3	7	9	5	12
O_4	10	6	4	13
	8	32	15	

1. Solução inicial

Vamos calcular pelo método do canto noroeste:

	D_1	D_2	D_3	
O_1	8	2		10
O_2		20		20
O_3		10	2	12
O_4			13	13
	8	32	15	

2. Critério de otimalidade

Coeficiente das variáveis básicas = 0

Variáveis Básicas	Coeficiente	Substituindo C_{ii}
X_{11}	$C_{11} - U_1 - V_1 = 0$	$6 - U_1 - V_1 = 0$
X_{12}	$C_{12} - U_1 - V_2 = 0$	$5 - U_1 - V_2 = 0$
X_{22}	$C_{22} - U_2 - V_2 = 0$	$12 - U_2 - V_2 = 0$
X_{32}	$C_{32} - U_3 - V_2 = 0$	$9 - U_3 - V_2 = 0$
X_{33}	$C_{33} - U_3 - V_3 = 0$	$5 - U_3 - V_3 = 0$
X_{43}	$C_{43} - U_4 - V_3 = 0$	$4 - U_4 - V_3 = 0$

86 Capítulo 6

O sistema resultante tem sete variáveis e seis equações. Para calcular uma solução devemos atribuir um valor a uma das variáveis.

Fazendo, por exemplo, $U_1 = 0$, teremos:

$$V_1 = 6 \quad V_2 = 5 \quad U_2 = 7 \quad U_3 = 4 \quad V_3 = 1 \quad U_4 = 3$$

Coeficiente das variáveis não básicas

Variáveis não básicas	Coeficiente	Valor
X_{13}	$C_{13} - U_1 - V_3$	$8 - 0 - 1 = 7$
X_{21}	$C_{21} - U_2 - V_1$	$13 - 7 - 6 = 0$
X_{23}	$C_{23} - U_2 - V_3$	$1 - 7 - 1 = -7$
X_{31}	$C_{31} - U_3 - V_1$	$7 - 4 - 6 = -3$
X_{41}	$C_{41} - U_4 - V_1$	$10 - 3 - 6 = 1$
X_{42}	$C_{42} - U_4 - V_2$	$6 - 3 - 5 = -2$

A solução não é ótima: Entra a variável X_{23}, que possui o coeficiente negativo de maior valor absoluto.

Circuito de compensação

	D_1	D_2	D_3	
O_1	8	2		10
O_2		$20 - \theta$	θ	20
O_3		$10 + \theta$	$2 - \theta$	12
O_4			13	13
	8	32	15	

θ entra com valor 2

Nova solução

	D_1	D_2	D_3	
O_1	8	2		10
O_2		18	2	20
O_3		12		12
O_4			13	13
	8	32	15	

Verificar se a nova solução é ótima – Critério de otimalidade

Coeficiente das variáveis básicas = 0

Variáveis Básicas	Coeficiente	Substituindo C_{ii}
X_{11}	$C_{11} - U_1 - V_1 = 0$	$6 - U_1 - V_1 = 0$
X_{12}	$C_{12} - U_1 - V_2 = 0$	$5 - U_1 - V_2 = 0$
X_{22}	$C_{22} - U_2 - V_2 = 0$	$12 - U_2 - V_2 = 0$
X_{32}	$C_{32} - U_3 - V_2 = 0$	$9 - U_3 - V_2 = 0$
X_{23}	$C_{23} - U_2 - V_3 = 0$	$1 - U_2 - V_3 = 0$
X_{43}	$C_{43} - U_4 - V_3 = 0$	$4 - U_4 - V_3 = 0$

O sistema resultante tem sete variáveis e seis equações. Fazendo $U_1 = 0$, teremos:

$$V_1 = 6 \quad V_2 = 5 \quad U_2 = 7 \quad U_3 = 4 \quad V_3 = -6 \quad U_4 = 10$$

Coeficiente das variáveis não básicas

Variáveis não básicas	Coeficiente	Valor
X_{13}	$C_{13} - U_1 - V_3$	$8 - 0 + 6 = 14$
X_{21}	$C_{21} - U_2 - V_1$	$13 - 7 - 6 = 0$
X_{31}	$C_{31} - U_3 - V_1$	$7 - 4 - 6 = -3$
X_{33}	$C_{33} - U_3 - V_3$	$5 - 4 + 6 = 7$
X_{41}	$C_{41} - U_4 - V_1$	$10 - 10 - 6 = -6$
X_{42}	$C_{42} - U_4 - V_2$	$6 - 10 - 5 = -9$

A solução não é ótima: Entra a variável X_{42} que possui o coeficiente negativo de maior valor absoluto.

Circuito de compensação

	D_1	D_2	D_3	
O_1	8	2		10
O_2		$18 - \theta$	$2 + \theta$	20
O_3		12		12
O_4		θ	$13 - \theta$	13
	8	32	15	

θ entra com valor 13

Capítulo 6

Nova solução

	D_1	D_2	D_3	
O_1	8	2		10
O_2		5	15	20
O_3		12		12
O_4		13		13
	8	32	15	

Verificar se a nova solução é ótima – Critério de otimalidade

Coeficiente das variáveis básicas = 0

Variáveis Básicas	Coeficiente	Substituindo C_{ij}
X_{11}	$C_{11} - U_1 - V_1 = 0$	$6 - U_1 - V_1 = 0$
X_{12}	$C_{12} - U_1 - V_2 = 0$	$5 - U_1 - V_2 = 0$
X_{22}	$C_{22} - U_2 - V_2 = 0$	$12 - U_2 - V_2 = 0$
X_{23}	$C_{23} - U_2 - V_3 = 0$	$1 - U_2 - V_3 = 0$
X_{32}	$C_{32} - U_3 - V_2 = 0$	$9 - U_3 - V_2 = 0$
X_{42}	$C_{42} - U_4 - V_2 = 0$	$6 - U_4 - V_2 = 0$

O sistema resultante tem sete variáveis e seis equações. Fazendo $U_1 = 0$, teremos:

$$V_1 = 6 \quad V_2 = 5 \quad U_2 = 7 \quad U_3 = 4 \quad V_3 = -6 \quad U_4 = 1$$

Coeficiente das variáveis não básicas

Variáveis não básicas	Coeficiente	Valor
X_{13}	$C_{13} - U_1 - V_3$	$8 - 0 + 6 = 14$
X_{21}	$C_{21} - U_2 - V_1$	$13 - 7 - 6 = 0$
X_{31}	$C_{31} - U_3 - V_1$	$7 - 4 - 6 = -3$
X_{33}	$C_{33} - U_3 - V_3$	$5 - 4 + 6 = 7$
X_{41}	$C_{41} - U_4 - V_1$	$10 - 1 - 6 = 3$
X_{43}	$C_{43} - U_4 - V_3$	$4 - 1 + 6 = 9$

Entra a variável X_{31} que possui coeficiente negativo.

Circuito de compensação

	D_1	D_2	D_3	
O_1	$8 - \theta$	$2 + \theta$		10
O_2		5	15	20
O_3	θ	$12 - \theta$		12
O_4		13		13
	8	32	15	

θ entra com valor 8

Nova solução

	D_1	D_2	D_3	
O_1		10		10
O_2		5	15	20
O_3	8	4		12
O_4		13		13
	8	32	15	

Verificar se a nova solução é ótima – Teste de otimalidade

Coeficiente das variáveis básicas = 0

Variáveis Básicas	Coeficiente	Substituindo C_{ij}
X_{12}	$C_{12} - U_1 - V_2 = 0$	$5 - U_1 - V_2 = 0$
X_{22}	$C_{22} - U_2 - V_2 = 0$	$12 - U_2 - V_2 = 0$
X_{23}	$C_{23} - U_2 - V_3 = 0$	$1 - U_2 - V_3 = 0$
X_{31}	$C_{31} - U_3 - V_1 = 0$	$7 - U_3 - V_1 = 0$
X_{32}	$C_{32} - U_3 - V_2 = 0$	$9 - U_3 - V_2 = 0$
X_{42}	$C_{42} - U_4 - V_2 = 0$	$6 - U_4 - V_2 = 0$

O sistema resultante tem sete variáveis e seis equações. Fazendo $U_1 = 0$, teremos:

$$V_2 = 5 \quad U_2 = 7 \quad V_3 = -6 \quad U_3 = 4 \quad V_1 = 3 \quad U_4 = 1$$

90 Capítulo 6

Coeficiente das variáveis não básicas

Variáveis não básicas	Coeficiente	Valor
X_{11}	$C_{11} - U_1 - V_1$	$6 - 0 - 3 = 3$
X_{13}	$C_{13} - U_1 - V_3$	$8 - 0 + 6 = 14$
X_{21}	$C_{21} - U_2 - V_1$	$13 - 7 - 3 = 3$
X_{33}	$C_{33} - U_3 - V_3$	$5 - 4 + 6 = 7$
X_{41}	$C_{41} - U_4 - V_1$	$10 - 1 - 3 = 6$
X_{43}	$C_{43} - U_4 - V_3$	$4 - 1 + 6 = 9$

A solução testada é ótima, pois as variáveis não básicas não possuem coeficientes negativos. Portanto a solução ótima é (acompanhe no quadro de solução):

Transportar: 10 unidades da origem 1 ao destino 2

5 unidades da origem 2 ao destino 2

15 unidades da origem 2 ao destino 3

8 unidades da origem 3 ao destino 1

4 unidades da origem 3 ao destino 2

13 unidades da origem 4 ao destino 2

O custo do programa será:

$$C = 10 \times 5 + 5 \times 12 + 15 \times 1 + 8 \times 7 + 4 \times 9 + 13 \times 6 = 295$$

6.3 O PROBLEMA DA DEGENERESCÊNCIA

Vimos que igualando os coeficientes das variáveis básicas a zero, o resultado é um sistema que apresenta uma variável a mais que o número de equações. Atribuímos um valor arbitrário para a variável livre e obtivemos um conjunto único de valores para as incógnitas.

Pode ocorrer, entretanto, que haja menos variáveis básicas do que o necessário na solução, o que resulta menos equações do que as desejadas (duas, três ou mais equações a menos que o número de variáveis).

Dizemos nesse caso que a solução é degenerada. Ao calcular os valores de U e V do sistema para o critério de otimalidade, não conseguimos um conjunto único de valores para U e V.

A solução para o caso é criar variáveis básicas auxiliares, quantas forem necessárias para que o número de equações seja apenas um a menos que o número de variáveis. Essas variáveis básicas auxiliares devem ter um valor tão próximo de zero que não alteram as condições de contorno do problema (restrições de origem e destino).

O cuidado que devemos tomar ao acrescentar variáveis básicas auxiliares é que elas não formem circuitos com as variáveis básicas originais.

Problema do Transporte **91**

Exemplo: calcular o plano ótimo de transporte para os dados do quadro:

	D_1	D_2	D_3	
O_1	12	9	8	10
O_2	13	12	6	20
O_3	7	9	5	10
O_4	3	2	8	15
	8	30	17	

A solução inicial pelo canto noroeste é:

	D_1	D_2	D_3	
O_1	8	2		10
O_2		20		20
O_3		8	2	10
O_4			15	15
	8	30	17	

Aplicando o teste de otimalidade na solução inicial, chegamos a conclusão de que ela não é ótima, e que deve entrar a variável X_{41} que tem coeficiente – 12 (verifique).

Circuito de compensação

	D_1	D_2	D_3	
O_1	$8 - \theta$	$2 + \theta$		10
O_2		20		20
O_3		$8 - \theta$	$2 + \theta$	10
O_4	θ		$15 - \theta$	15
	8	30	17	

θ entra com valor 8

Nova solução

	D_1	D_2	D_3	
O_1		10		10
O_2		20		20
O_3		A	10	10
O_4	8		7	15
	8	30	17	

92 Capítulo 6

Verificar se a nova solução é ótima – Teste de otimalidade

Coeficiente das variáveis básicas $= 0$

Variáveis Básicas	Coeficiente	Substituindo C_{ij}
X_{12}	$C_{12} - U_1 - V_2 = 0$	$9 - U_1 - V_2 = 0$
X_{22}	$C_{22} - U_2 - V_2 = 0$	$12 - U_2 - V_2 = 0$
X_{33}	$C_{33} - U_3 - V_3 = 0$	$5 - U_3 - V_3 = 0$
X_{41}	$C_{41} - U_4 - V_1 = 0$	$3 - U_4 - V_1 = 0$
X_{43}	$C_{43} - U_4 - V_3 = 0$	$8 - U_4 - V_3 = 0$

O sistema tem cinco equações e sete variáveis. Devemos então acrescentar uma variável auxiliar A numa célula que não forme circuito com as outras variáveis básicas. Por exemplo, colocamos A na célula de X_{32}, e completamos o sistema.

$$X_{32} \quad C_{32} - U_3 - V_2 = 0 \quad 9 - U_3 - V_2 = 0$$

Fazendo $U_1 = 0$, teremos:

$$V_2 = 9 \quad U_2 = 3 \quad V_3 = 5 \quad U_4 = 3 \quad V_1 = 0 \quad U_3 = 0$$

Coeficiente das variáveis não básicas

Variáveis não básicas	Coeficiente	Valor
X_{11}	$C_{11} - U_1 - V_1$	$12 - 0 - 0 = 12$
X_{13}	$C_{13} - U_1 - V_3$	$8 - 0 - 5 = 3$
X_{21}	$C_{21} - U_2 - V_1$	$13 - 3 - 0 = 10$
X_{23}	$C_{23} - U_2 - V_3$	$6 - 3 - 5 = -2$
X_{31}	$C_{31} - U_3 - V_1$	$7 - 0 - 0 = 7$
X_{42}	$C_{42} - U_4 - V_2$	$2 - 3 - 9 = -10$

A solução não é ótima. Entra a variável X_{42}.

Circuito de compensação

	D_1	D_2	D_3	
O_1		10		10
O_2		20		20
O_3		$A - \theta$	$10 + \theta$	10
O_4	8	θ	$7 - \theta$	15
	8	30	17	

θ entra com valor A, que é um número muito pequeno e não altera os outros valores

Nova solução

	D_1	D_2	D_3	
O_1		10		10
O_2		20		20
O_3			10	10
O_4	8	A	7	15
	8	30	17	

Teste de otimalidade para nova solução

Variáveis Básicas	Coeficiente	Substituindo C_{ij}
X_{12}	$C_{12} - U_1 - V_2 = 0$	$9 - U_1 - V_2 = 0$
X_{22}	$C_{22} - U_2 - V_2 = 0$	$12 - U_2 - V_2 = 0$
X_{33}	$C_{33} - U_3 - V_3 = 0$	$5 - U_3 - V_3 = 0$
X_{41}	$C_{41} - U_4 - V_1 = 0$	$3 - U_4 - V_1 = 0$
X_{42}	$C_{42} - U_4 - V_2 = 0$	$2 - U_4 - V_2 = 0$
X_{43}	$C_{43} - U_4 - V_3 = 0$	$8 - U_4 - V_3 = 0$

O sistema tem sete variáveis e seis equações. Fazendo $U_1 = 0$, teremos:

$$V_2 = 9 \quad U_2 = 3 \quad U_4 = -7 \quad V_1 = 10 \quad V_3 = 15 \quad U_3 = -10$$

Coeficiente das variáveis não básicas:

Variáveis não básicas	Coeficiente	Valor
X_{11}	$C_{11} - U_1 - V_1$	$12 - 0 - 10 = 2$
X_{13}	$C_{13} - U_1 - V_3$	$8 - 0 - 15 = -7$
X_{21}	$C_{21} - U_2 - V_1$	$13 - 3 - 10 = 0$
X_{23}	$C_{23} - U_2 - V_3$	$6 - 3 - 15 = -12$
X_{31}	$C_{31} - U_3 - V_1$	$7 + 10 - 10 = 7$
X_{32}	$C_{32} - U_3 - V_2$	$9 - (-10) - 9 = 10$

A solução testada não é ótima. Entra a variável X_{23}.

94 Capítulo 6

Circuito de compensação

	D_1	D_2	D_3	
O_1		10		10
O_2		$20 - \theta$	θ	20
O_3			10	10
O_4	8	$A + \theta$	$7 - \theta$	15
	8	30	17	

$\theta = 7$

Nova solução

	D_1	D_2	D_3	
O_1		10		10
O_2		13	7	20
O_3			10	10
O_4	8	7		15
	8	30	17	

A variável básica auxiliar foi eliminada. O problema continua até a solução ótima dada no quadro abaixo:

	D_1	D_2	D_3	
O_1		10		10
O_2		3	17	20
O_3	8	2		10
O_4		15		15
	8	30	17	

6.4 O CASO DE MAXIMIZAÇÃO

Alguns modelos de programação linear, embora tenham objetivo de maximização, podem ser tratados como modelos de transportes. Como o modelo de transportes minimiza o objetivo, a solução consiste em transformar o objetivo em minimização. Isto pode ser feito de duas maneiras:

a. Multiplicar a função objetivo por − 1, o que equivale a trocar o sinal dos custos unitários de transporte.

b. Trabalhar com um novo quadro, onde os custos unitários de transporte são os complementos dos preços originais para algum valor fixo, geralmente o maior valor da tabela original.

Exemplo: O quadro representa os ganhos unitários devido à venda de mercadorias compradas nas origens e comercializadas nos destinos. O objetivo, portanto, é maximizar o retorno, na distribuição das mercadorias das origens para os destinos.

	D_1	D_2	D_3	
O_1	10	12	6	10
O_2	8	10	9	20
O_3	14	16	13	30
	15	15	30	

Quadro de minimização (função objetivo x (−1))

	D_1	D_2	D_3	
O_1	− 10	− 12	− 6	10
O_2	− 8	− 10	− 9	20
O_3	− 14	− 16	− 13	30
	15	15	30	

Quadro de minimização (complemento para 16)

	D_1	D_2	D_3	
O_1	6	4	10	10
O_2	8	6	7	20
O_3	2	0	3	30
	15	15	30	

6.5 O CASO DA IMPOSSIBILIDADE DE TRANSPORTE

Pode ocorrer que determinado transporte de uma origem para um destino não possa ser realizado. Neste caso, colocamos como custo de transporte, naquela célula da tabela de custos, um símbolo M, que representa um número muito grande. Desta forma:

Ao construir a solução básica inicial, evitamos esta célula, onde não é possível o transporte.

Como o número M é muito grande, ao calcular os coeficientes das variáveis não básicas, o coeficiente desta célula nunca será negativo, o que impede o aparecimento, na célula, de uma variável básica trazendo como consequência a ausência daquele transporte.

96 Capítulo 6

EXERCÍCIOS (LISTA 6)

1. No quadro de transporte a seguir, a quarta linha mostra as necessidades nos destinos e a quarta coluna as disponibilidades nas origens. Os outros dados representam custos unitários de transporte das origens para os respectivos destinos.

10	15	20	40
12	25	18	100
16	14	24	10
50	40	60	

Determinar o plano de transporte que minimiza o custo total das transferências. Use o método do canto noroeste para a solução inicial.

2. Resolva o problema anterior, usando o método de Vogel para o cálculo da solução inicial.

3. O quadro a seguir apresenta a mesma disposição do problema 1. Resolva usando o método do canto noroeste para a solução inicial.

10	15	20	100
12	25	18	80
16	14	24	20
100	50	60	

4. Resolva o problema 3 usando o método de Vogel para a solução inicial.

5. O quadro a seguir usa a mesma disposição do problema 1. As células marcadas com X indicam a impossibilidade do transporte daquela origem para aquele destino. Resolva usando o método do canto noroeste.

10	15	X	50
X	25	18	70
16	14	24	30
80	50	40	

6. Resolva o problema 5 usando o método de Vogel para a solução inicial.

7. Uma empresa distribuidora tem três depósitos que estocam respectivamente 160, 200 e 100 unidades de um produto, e deve abastecer quatro clientes cujos pedidos são de 100, 80, 120 e 80 unidades, respectivamente. Os custos unitários de transporte dos depósitos para os clientes estão na tabela:

	C_1	C_2	C_3	C_4
D_1	2,1	1,8	1,8	1,8
D_2	1,5	2,4	1,8	2,1
D_3	2,4	1,5	2,4	1,8

a. Determinar uma solução inicial pelo método do canto noroeste.

b. Determinar uma solução inicial pelo método de Vogel.

c. A partir da solução inicial de **a** encontrar a solução ótima.

d. A partir da solução inicial de **b** encontrar a solução ótima.

8. No problema anterior foram calculadas as margens de lucro com o produto de cada armazém para cada cliente. O resultado está na tabela:

	C_1	C_2	C_3	C_4
D_1	12,0	10,5	9,0	9,0
D_2	7,5	10,5	12,0	10,5
D_3	10,5	7,5	12,0	9,0

Qual o plano de distribuição que traz o maior lucro?

9. Um produto deve ser distribuído para quatro destinos, a partir de três origens. Os lucros unitários de distribuição e as disponibilidades e necessidades do produto estão no quadro:

Destinos / Origens	D_1	D_2	D_3	D_4	Disponibilidades
O_1	160	210	200	130	360
O_2	80	390	240	310	440
O_3	400	250	90	190	200
Necessidades	240	200	340	180	

Qual o plano de distribuição que traz o melhor retorno?

10. Uma companhia tem três instalações industriais que podem produzir, cada uma delas, três diferentes produtos P_1, P_2 e P_3. Os custos em cada instalação variam de acordo com a tabela:

Instalações	Custos unitários			Capacidade em unidades/semana
	P_1	P_2	P_3	
1	8	4	10	800
2	9	6	10	1.000
3	12	10	11	1.200
Demanda dos produtos unidades/semana	1.000	900	800	

a. Se o preço de venda de cada produto é de 20, 25 e 30 respectivamente, qual o plano de produção que maximiza o lucro?

b. Carregue o problema no Solver (Anexo). Qual a solução?

11. O quadro de custos devido à distribuição de um produto das origens O para os destinos D é o seguinte:

Destinos / Origens	D_1	D_2	D_3	Disponibilidades
O_1	10	12	X	12
O_2	12	14	15	18
O_3	6	8	10	30
Necessidades	10	20	30	

Obs.: Não é possível abastecer D_3 a partir de O_1.

a. Determinar uma solução inicial pelo método do canto noroeste.

b. A partir da solução obtida em **a**, calcular o plano ótimo de distribuição.

12. Três armazéns abastecem cinco pontos de venda. O quadro abaixo mostra os custos de distribuição, a capacidade dos armazéns e as necessidades nos pontos de venda. A companhia responsável pelos armazéns não quer abastecer o ponto de venda P_4 a partir do armazém A_1, nem o ponto de venda P_3 a partir do armazém A_3.

Pontos de venda / Armazéns	P_1	P_2	P_3	P_4	P_5	Disponibilidades
A_1	16	14	12	12	16	170
A_2	12	4	14	8	8	60
A_3	8	6	4	14	10	90
Necessidades	15	69	36	18	42	

Capítulo 6

a. Calcule uma solução inicial pelo método de Vogel.

b. Calcule a solução ótima a partir da solução inicial de **a**.

13. Um comerciante compra ovos em três granjas para revendê-los em três cidades distintas. Ele monta contratos de fornecimento com os granjeiros e compromete essa mercadoria em contratos de fornecimento com supermercados das cidades, de modo que a produção alocada nas granjas tem destino certo nas cidades. As quantidades contratadas nas granjas (em cartelas de 30 ovos) e nas cidades e os custos e retornos dessa operação estão nas tabelas:

	Produção contratada	Preço de compra
G_1	170	400
G_2	150	380
G_3	200	360

	Demanda contratada	Preço de venda
C_1	200	500
C_2	200	520
C_3	120	510

Os custos de distribuição das granjas para as cidades por cartela de ovos estão na tabela:

	C_1	C_2	C_3
G_1	10	18	16
G_2	12	20	14
G_3	15	12	15

a. Estabelecer um plano de distribuição com o menor custo possível;

b. Estabelecer um plano de distribuição com o maior lucro possível.

14. A prefeitura da cidade colocou coletores de lixo em alguns pontos da cidade, onde os lixeiros devem esvaziar seus carrinhos, após enchê-los na limpeza das ruas. São seis lixeiros com carrinhos e três coletores.

A prefeitura calculou a distância média da área de atuação de cada lixeiro para cada coletor. Deseja estabelecer um plano que esclareça onde os lixeiros devem esvaziar seus carrinhos, para que todos os coletores se encham de maneira uniforme e os lixeiros percorram a menor distância total no dia. Os lixeiros esvaziam cinco vezes seus carrinhos por dia. A prefeitura, após estabelecer quantas vezes e em quais coletores isto deve ser feito, deixa a seu critério a escolha do coletor em cada vez, desde que cumpra o programa diário. A distância média de cada região para cada coletor está na Tabela 6.1.

Qual o plano da prefeitura?

15. Uma firma distribuidora de alimentos programou para a próxima semana 100 viagens que deverão ser realizadas por empresas contratadas. São seis locais diferentes que receberão as mercadorias, conforme exposto na Tabela 6.2. As empresas que prestam esse serviço são quatro, e têm preços diferentes para as viagens, devido à localização, possibilidade de viagens de retorno etc. Os orçamentos e as disponibilidades das empresas prestadoras de serviço estão na Tabela 6.3. Estabelecer um plano de contratação dessas empresas, com o menor custo total possível.

Tabela 6.1

	L_1	L_2	L_3	L_4	L_5	L_6
C_1	200	300	500	400	250	300
C_2	100	150	200	300	150	180
C_3	120	200	50	180	220	100

Problema do Transporte **99**

Tabela 6.2

	Locais de entrega					
	1	2	3	4	5	6
Quantidade necessária	20	12	15	10	18	25

Tabela 6.3

Transportadora	Locais						Disponibilidades
	1	2	3	4	5	6	
A	100	120	105	90	105	110	30
B	80	100	110	100	100	110	40
C	90	105	90	100	80	105	25
D	120	130	110	100	95	105	20

RESPOSTAS

1. $X_{11} = 10, X_{12} = 30, X_{21} = 40, X_{23} = 60, X_{32} = 10, Z = 2.250$
3. $X_{11} = 70, X_{12} = 30, X_{21} = 30, X_{23} = 50, X_{32} = 20, Z = 2.690$
5. $X_{11} = 50, X_{22} = 30, X_{23} = 40, X_{31} = 10, X_{32} = 20, Z = 2.410$
7. $X_{13} = 100, X_{14} = 60, X_{21} = 100, X_{23} = 20, X_{32} = 80, X_{34} = 20, Z = 630$
8. $X_{11} = 100, X_{22} = 80, X_{23} = 40, X_{24} = 80, X_{33} = 80, Z = 4.320$
9. $X_{11} = 40, X_{13} = 280, X_{22} = 200, X_{23} = 60, X_{24} = 180, X_{31} = 200, Z = 290.600$
10. a) $X_{12} = 800, X_{21} = 900, X_{22} = 100, X_{31} = 100, X_{33} = 800, Z = 44.600$

b) Quadro de lucros(R-C)

Instalações	P1	P2	P3	Capacidade
1	12	21	20	800
2	11	19	20	1.000
3	8	15	19	1.200
Demanda	1.000	900	800	

Equilibrar o sistema: Criar um produto com demanda de 300 unidades

Quadro de lucros equilibrado

Instalações	P1	P2	P3	P4	Capacidade
1	12	21	20	0	800
2	11	19	20	0	1.000
3	8	15	19	0	1.200
Demanda	1.000	900	800	300	

No Solver podemos trabalhar direto com os lucros

Carregar   max 12x11+21x12+20x13+11x21+19x22+20x23+8x31+15x32+19x33

100 Capítulo 6

O_1 x11+x12+x13+x14 = 800
O_2 x21+x22+x23+x24 = 1000
O_3 x31+x32+x33+x34 = 1200
P_1 x11+x21+x31 = 1000
P_2 x12+x22+x32 = 900
P_3 x13+x23+x33 = 800
P_4 x14+x24+x34 = 300

A solução pelo Solver é a mesma do item a).

11. $X_{12} = 12, X_{23} = 18, X_{31} = 10, X_{32} = 8, X_{33} = 12, Z = 658$

12. $X_{13} = 36, X_{22} = 42, X_{24} = 18, X_{31} = 15, X_{32} = 27, X_{35} = 42, Z = 1.446$

13. a) $X_{11} = 170, X_{21} = 30, X_{23} = 120, X_{32} = 200, i = $ granja, $j = $ cidade, Custo $= 203.140$

    b) $X_{11} = 170, X_{21} = 30, X_{23} = 120, X_{32} = 200$, Lucro $= 62.060$

14. $X_{11} = 5, X_{15} = 5, X_{22} = 5, X_{26} = 5, X_{33} = 5, X_{34} = 5, i = $ coletor, $j = $ lixeiro, $Z = 5.050$

15. $XA_3 = 8, XA_4 = 10, XB_1 = 20, XB_2 = 12, XB_6 = 5, XC_3 = 7, XC_5 = 18, XD_6 = 20$. Valor total $= 9.260$

O Problema da Designação

7

> O problema da designação como um particular problema de transporte também está aqui destacado para valorizar o seu modelo. Além disso, apresenta um método de solução bastante simples e rápido. Sob o ponto de vista computacional, é pelo SIMPLEX. No anexo sobre a ferramenta Solver, você pode resolver alguns dos exercícios usando o SIMPLEX.

7.1 INTRODUÇÃO

Um caso especial do modelo de transportes é aquele em que cada origem tem uma unidade disponível e cada destino necessita também de uma unidade. É o caso de escalar vendedores para regiões de vendas, máquinas para diversos locais etc.

Essa característica torna o algoritmo de soluções bastante simples. Antes de aplicá-lo, devemos verificar se o modelo está equilibrado. No modelo de designação, o número de origens deve ser igual ao número de destinos devido a sua característica. Caso isso não ocorra, devemos construir origens ou destinos auxiliares, com custo de transferência zero.

7.2 DESCRIÇÃO DO ALGORITMO

a. Subtrair de cada linha seu menor valor. Em seguida fazer o mesmo com as colunas. Cada linha e cada coluna deverá então apresentar pelo menos um elemento nulo.

b. Designar origens para destinos nas células em que aparece o elemento nulo. Dar preferência a linhas ou colunas que tenham apenas um zero disponível. Cada designação efetuada invalida os outros zeros na linha e na coluna da célula designada. Se a designação se completa, o problema está resolvido. Se não:

102 Capítulo 7

c. Cobrir os zeros da tabela com o menor número de linhas possível. Isto pode ser feito da seguinte forma:

- marcar as linhas sem designação;
- marcar as colunas com zeros nas linhas marcadas;
- marcar as linhas com designação nas colunas marcadas;
- voltar a marcar as colunas com zeros nas linhas marcadas até que não seja possível marcar novas linhas ou colunas;
- riscar as linhas não marcadas e as colunas marcadas.

d. Subtrair o menor valor dentre os números não cobertos, de todos os elementos da tabela. A reposição necessária nas linhas e colunas com zeros para impedir o aparecimento de custos negativos na tabela resulta no quadro em que:

- os elementos não cobertos ficam diminuídos deste número;
- os elementos no cruzamento de coberturas ficam aumentados desse número;
- os outros elementos permanecem iguais.

e. Retornar ao item *b*.

Exemplo: o quadro representa os custos de transporte de uma máquina dos locais de depósito para as fábricas onde deverão ser instaladas. Designar uma máquina para cada fábrica com o menor custo total possível no programa:

	F_1	F_2	F_3	F_4
L_1	10	12	15	16
L_2	14	12	13	18
L_3	10	16	19	15
L_4	14	12	13	15

Solução:

Subtrair o menor número de cada linha

0	2	5	6
2	0	1	6
0	6	9	5
2	0	1	3

$\rightarrow$

Subtrair o menor número de cada coluna

0	2	4	3
2	0	0	3
0	6	8	2
2	0	0	0

Designar nos zeros de linhas ou colunas (prefira linhas ou colunas com apenas um zero). Anule os outros zeros.

	F_1	F_2	F_3	F_4
L_1	0	2	4	3
L_2	2	0	0̸	3
L_3	0̸	6	8	2
L_4	2	0̸	0̸	0

A designação não se completou devido à origem 3 e ao destino 3.

Cobrir, com o menor número de linhas, os zeros da tabela. Seguir os passos do item *c*.

0	2	4	3
2	0	0	3
0	6	8	2
2	0	0	0

Subtrair 2 da tabela – Seguir o item *d*.

	F_1	F_2	F_3	F_4
L_1	0	0	2	1
L_2	4	0	0	3
L_3	0	4	6	0
L_4	4	0	0	0

Fazer nova designação:

	F_1	F_2	F_3	F_4
L_1	0	0̸	2	1
L_2	4	0	0̸	3
L_3	0̸	4	6	0
L_4	4	0̸	0	0̸

Solução:

Designação	Custo
$L_1 \rightarrow F_1$	10
$L_2 \rightarrow F_2$	12
$L_3 \rightarrow F_3$	13
$L_4 \rightarrow F_4$	15
Total Custo	50

104 Capítulo 7

7.3 O CASO DE MAXIMIZAÇÃO

Caso a tabela de transferência traga retornos que devem ser maximizados, o modelo deve ser substituído por outro de minimização. Como no problema dos transportes, isto pode ser feito multiplicando a função objetivo por − 1, ou transformando o quadro num quadro de perdas (complemento em relação a um valor fixo).

Exemplo: o quadro representa as eficiências de quatro vendedores, testados em quatro regiões. Os potenciais de vendas nas regiões são conhecidos. Designar um vendedor para cada região para maximizar o valor total das vendas.

Capacidade de cada vendedor de atingir o potencial da região em %

	R_1	R_2	R_3	R_4
V_1	70	60	80	90
V_2	70	80	70	90
V_3	60	90	60	70
V_4	70	80	70	80

Potencial de vendas em milhares de $

$$R_1 = 100$$
$$R_2 = 80$$
$$R_3 = 60$$
$$R_4 = 90$$

Solução: Quadro de vendas ou retornos (% × Potencial de Vendas)

70	48	48	81
70	64	42	81
60	72	36	63
70	64	42	72

Quadro de perdas: subtrair de 81

11	33	33	0
11	17	39	0
21	9	45	18
11	17	39	9

O Problema da Designação **105**

Solução:

Subtrair o menor número de cada linha

11	33	33	0
11	17	39	0
12	0	36	9
2	8	30	0

→

Subtrair o menor número de cada coluna

9	33	3	0
9	17	9	0
10	0	6	9
0	8	0	0

Designar nos zeros da tabela:

9	33	3	☐0
9	17	9	∅
10	☐0	6	9
☐0	8	∅	∅

A designação não se completou.

9	33	3	☐0
9	17	9	0
10	☐0	6	9
☐0	8	0	0

Cobrir os zeros com o menor número de linhas possível

Subtrair 3 da tabela:

6	30	0	0
6	14	6	0
10	0	6	12
0	8	0	3

Designar nos zeros da tabela

4	29	☐0	∅
4	14	6	☐0
10	☐0	6	12
☐0	8	∅	3

Designação	Vendas (em milhares de $)
$V_1 \to R_3$	48
$V_2 \to R_4$	81
$V_3 \to R_2$	72
$V_4 \to R_1$	70
Total Vendas	271

EXERCÍCIOS (LISTA 7)

1. Resolva o problema de designação:

	1	2	3	4	Destinos
1	10	23	8	9	
2	4	5	6	7	
3	12	10	10	8	
4	6	4	9	7	

Origens

2. Resolva o problema de designação:

	1	2	3	4	Destinos
1	6	8	10	9	
2	4	3	6	5	
3	7	9	12	6	

Origens

3. Resolva o problema de designação, onde o símbolo X indica a impossibilidade da designação da origem para o destino correspondente:

	1	2	3	Destinos
1	6	X	8	
2	4	9	3	
3	5	6	4	
4	8	10	12	

Origens

4. Quatro locais L_1, L_2, L_3 e L_4 necessitam de um equipamento. Existem quatro equipamentos disponíveis, um em cada um dos depósitos D_1, D_2, D_3 e D_4. A quilometragem entre os locais necessitados e os depósitos estão no quadro:

Depósitos	Local			
	L_1	L_2	L_3	L_4
D_1	100	120	130	140
D_2	80	70	120	90
D_3	100	80	100	110
D_4	90	90	120	80

Determine um programa de expedição de quilometragem mínima.

5. Resolva o problema anterior, supondo que não seja possível expedir do armazém 1 para o local 3.

6. Uma fábrica possui quatro locais L_1, L_2, L_3 e L_4 para receber três novos equipamentos (E_1, E_2 e E_3). A operação desses equipamentos gera um fluxo de materiais cujo custo de manuseio depende do local da instalação, e estão no quadro a seguir:

	L_1	L_2	L_3	L_4
E_1	10	4	8	6
E_2	6	4	9	10
E_3	5	7	8	9

Designar os equipamentos para os possíveis locais, de modo a minimizar o custo total de manuseio de materiais.

7. Suponha no problema anterior que não seja possível designar o E_1 para o local L_2. Qual seria a solução do problema?

8. Uma empresa deseja operar diretamente em quatro regiões. Para isso, contratou e treinou

quatro vendedores. A empresa tem conhecimento dos mercados dessas regiões através de representantes. A partir dessas informações, o departamento de R.H. montou um quadro de eficiência para os vendedores baseado no perfil profissional de cada um deles. O resultado e outras informações relevantes estão nos quadros a seguir:

Potencial de vendas mensais em milhares de unidades monetárias:

Região	Vendas
1	100
2	150
3	120
4	250

Capacidade estimada para cada vendedor em cada região em %

Região	Vendedor			
	1	2	3	4
1	60	80	70	65
2	70	60	80	60
3	80	40	60	70
4	60	90	95	85

Baseado nesta estimativa, designar os vendedores para as regiões de modo a maximizar o retorno mensal total de vendas.

9. Uma empresa tem disponível nos fornecedores quatro tipos de robôs que fazem uma sequência de operações padronizadas. Um estudo feito em colaboração com os fornecedores revelou os lucros anuais gerados pela instalação de um robô em cada uma das três unidades produtoras da empresa, após descontados os custos de instalação, manutenção e depreciação dos equipamentos (em 1.000 u.m.)

Robô	Unidades produtoras		
	U_1	U_2	U_3
R_1	6	10	5
R_2	5	8	7
R_3	8	10	8
R_4	7	9	9

A empresa deseja adquirir um tipo de robô para cada instalação produtora, de modo a maximizar o lucro total no ano devido a essa operação.

10. Suponha no problema anterior que o robô R_3 não sirva a U_1. Qual seria então a solução do problema?

a. Usando o algoritmo da designação.

b. Usando o Solver.

11. A empresa de ar-condicionado Top Clima tem seis instalações programadas para o próximo mês. Ela poderá realizar no máximo duas instalações com pessoal próprio, e solicitou a quatro empreiteiras cadastradas o orçamento para cada uma das obras e a disponibilidade para o serviço. A Tabela 7.1 a seguir resume os dados coletados.

a. Qual o plano de instalação de menor custo?

b. Existe plano alternativo com o mesmo custo do anterior?

Tabela 7.1

Empreiteiras	Obras – Orçamentos em 1.000 u.m.						Disponibilidade: nº de obras
	1	2	3	4	5	6	
A	12	20	25	30	22	20	2
B	15	20	22	26	18	20	2
C	16	24	26	22	21	21	2
D	14	25	24	28	24	20	2
Top Clima	13	22	30	27	20	15	2

108 Capítulo 7

Tabela 7.2

Empreiteiras	Obras					
	1	2	3	4	5	6
A	200	250	300	310	280	230
B	250	240	350	260	250	220
C	220	260	380	250	260	250
D	200	250	320	300	250	210

12. A Top Clima tem anotado o número de horas estimado pelas empreiteiras para realizar o serviço (Tabela 7.2).

A semana tem 40 horas de trabalho normal e a Top Clima pretende entregar as obras em seis semanas. A programação de hora extra onera o custo da obra em 20% da proporção de horas extras em relação ao total de horas, sobre o valor da obra, ou seja:

$$\text{Acréscimo} = \frac{(\text{horas planejadas} - 240)}{\text{horas planejadas}} \times 0,2 \times \text{custo}.$$

Que mudanças isto traz na programação?

13. Devido às características das obras dos problemas 11 e 12, Top Clima exclui a possibilidade de algumas empresas realizarem determinadas obras (problemas de capacitação técnica, exigências específicas de clientes etc.)

Empreiteira	Obras excluídas
A	5 e 6
B	4 e 5
C	1 e 4

Qual a programação se usarmos também essas novas condições?

14. No caso do problema 12, se a Top Clima resolvesse por uma questão política atribuir a obra 6 à empreiteira C, qual o custo desta política?

15. E no caso de a Top Clima atribuir a obra 6 à empreiteira D? Qual o custo desta decisão?

RESPOSTAS

1.
Origem	Destino	Custo
1	3	24
2	1	
3	4	
4	2	

2.
Origem	Destino	Custo
1	1	15
2	2	
3	4	
4	3	

3.
Origem	Destino	Custo
1	1	15
2	3	
3	2	
4	4	

4.
Origem	Local	km
1	1	350
2	2	
3	3	
4	4	

5.
Origem	Local	km
1	1	350
2	2	
3	3	
4	4	

6.
Equipamento	Local	Custo
1	4	15
2	2	
3	1	
4	3	

O Problema da Designação **109**

7.

Equipamento	Local	Custo
1	4	15
2	2	
3	1	
4	3	

8.

Região	Vendedor	Venda
1	2	508,50
2	3	
3	1	
4	4	

9.

Robôs	Unidade Produtiva	Lucro
1	2	27
2	X	
3	1	
4	3	

10. a.

Robôs	Unidade Produtiva	Lucro
1	1	25
2	X	
3	2	
4	3	

b. Quadro de lucros

Zerar lucro de x_{31}

Equilibrar com novo destino U_4

	U_1	U_2	U_3	U_4
R_1	6	10	5	0
R_2	5	8	7	0
R_3	0	10	8	0
R_4	7	9	9	0

Carregar no SOLVER

max 6x11+10x12+5x13+5x21+8x22+7x23+10x32+8x33+7x41+9x42+9x43

R_1	x11+x12+x13+x14 = 1	Solução do Solver
R_2	x21+x22+x23+x24 = 1	R_1 — U_1
R_3	x31+x32+x33+x34 = 1	R_3 — U_2
R_4	x41+x42+x43+x44 = 1	R_4 — U_3
U_1	x11+x21+x31+x41 = 1	
U_2	x12+x22+x32+x42 = 1	Lucro = 25
U_3	x13+x23+x33+x43 = 1	É uma das soluções
U_4	x14+x24+x34+x44=1	ótimas.

11. a.

Empresa	Obras
A	1 e 2
B	3 e 5
C	4
Top	6

b. Não: Custo total 109

12. Nenhuma mudança. Custo: 110.860,00

13.

Empreiteira	A	B	C	Top	Custo total
Obra	1	2 e 3	5	4 e 6	118.700,00

14. Aumento do custo: 6.168,00

15. Aumento do custo: 5.000,00

Análise de Sensibilidade

8

> Este tópico que encerra nosso estudo de Programação Linear explora o conhecimento do SIMPLEX adquirido até aqui. Como os valores externos de um modelo são normalmente dinâmicos, é muito útil saber em que intervalos eles podem variar sem que seja necessária a procura de nova solução. Essas informações estão apresentadas na Análise de Sensibilidade do SOLVER. Entretanto, desenvolveremos esses resultados para facilitar o entendimento do significado desses valores na planilha.

Na construção do modelo de programação linear são incluídos dados cujos valores dependem do mercado e do processo usado na elaboração dos produtos. Estes dados podem sofrer variações com o tempo ou com a inclusão de novas informações. É importante pesquisar a estabilidade da solução adotada, em face dessas variações.

Vamos considerar, para isso, o modelo de programação linear:

Max. $Z = x_1 + 2x_2 + 3x_3$

Sujeito a: $\begin{cases} x_1 + x_2 + x_3 \leq 10 \\ 2x_1 + x_2 + 4x_3 \leq 12 \\ x_1 + 3x_2 - x_3 \leq 9 \end{cases}$

$$x_1 \geq 0, x_2 \geq 0, x_3 \geq 0$$

onde x_1, x_2 e x_3 representam as quantidades dos produtos P_1, P_2 e P_3. Os recursos R_1, R_2 e R_3 têm disponibilidade de 10, 12 e 9 unidades respectivamente. Os lucros unitários são 1, 2 e 3 respectivamente para P_1, P_2 e P_3. Os coeficientes de x_1, x_2 e x_3 nas restrições representam os usos dos recursos R_1, R_2 e R_3 por unidade dos produtos P_1, P_2 e P_3. Vamos estudar as consequências das variações desses dados.

Análise de Sensibilidade **111**

8.1 MUDANÇA NOS LUCROS UNITÁRIOS (COEFICIENTES DA FUNÇÃO OBJETIVO)

a. Mudança no coeficiente de uma variável básica.

Os quadros inicial e final para o modelo são:

Z	x_1	x_2	x_3	xF_1	xF_2	xF_3	b
1	− 1	− 2	− 3	0	0	0	0
0	1	1	1	1	0	0	10
0	2	1	4	0	1	0	12
0	1	3	− 1	0	0	1	9

Quadro final:

Z	x_1	x_2	x_3	xF_1	xF_2	xF_3	b
1	1,077	0	0	0	0,846	0,385	13.615
0	0,154	0	0	1	− 0,308	− 0,231	4,231
0	0,385	0	1	0	0,231	− 0,077	2,077
0	0,462	1	0	0	0,077	0,308	3,692

Estamos interessados em saber que tipo de variação podem sofrer os coeficientes de x_2 e x_3 sem alterar a solução ótima do quadro.

A solução do quadro altera-se com a entrada de uma variável não básica, x_1 ou xF_2 ou xF_3. Como o objetivo é maximizar o lucro, a entrada de uma variável só é possível se o aumento do lucro devido a essa inclusão pelo menos compensar a queda do lucro devido às alterações nas outras variáveis.

■ **Intervalo de estabilidade para o coeficiente de x_2.**

Entrada de x_1:

No quadro final, a coluna dos coeficientes de x_1 nos mostra que, quando x_1 passa de x_1 = 0 para x_1 = 1

xF_1 diminui em 0,154

x_3 diminui em 0,385

x_2 diminui em 0,462

O coeficiente de x_2 que permite a entrada de x_1 é um coeficiente que iguala o aumento de lucro com a entrada de x_1 com a diminuição do lucro devido às outras variáveis xF_1, x_3 e x_2. Conhecidos os lucros unitários do quadro inicial, e chamando o lucro de x_2 de C_2, teremos:

112 Capítulo 8

Aumento devido a x_1: ⠀⠀⠀⠀⠀⠀⠀⠀$1 \times 1 = 1$

Diminuição devido às outras: ⠀⠀⠀$0,154 \times 0 + 0,385 \times 3 + 0,462C_2$

Para compensar: ⠀⠀⠀⠀⠀⠀⠀⠀$0,462C_2 + 1,155 = 1$ ou $C_2 = -0,335$

Entrada de xF_2 (passa de $xF_2 = 0$ para $xF_2 = 1$)

xF_1 diminui em $-0,308$

x_3 diminui em $0,231$

x_2 diminui em $0,077$

Aumento devido a xF_2: ⠀⠀⠀⠀⠀⠀$1 \times 0 = 0$

Diminuição devido às outras: ⠀⠀$-0,308 \times 0 + 0,231 \times 3 + 0,077C_2$

Para compensar: ⠀⠀⠀⠀⠀⠀⠀$0,693 + 0,077C_2 = 0$ ou

$$C_2 = \frac{-0,693}{0,077} = -9$$

Entrada de xF_3 (passa de $xF_3 = 0$ para $xF_3 = 1$)

xF_1 diminui em $-0,23$

x_3 diminui em $-0,077$

x_2 diminui em $0,308$

Aumento devido a xF_3: ⠀⠀⠀⠀⠀⠀$1 \times 0 = 0$

Diminuição devido às outras: ⠀⠀$-0,231 \times 0 - 0,077 \times 3 + 0,308C_2$

Para compensar: ⠀⠀⠀⠀⠀⠀⠀$-0,231 + 0,308C_2 = 0$ ou $C_2 = 0,75$

Ordenando os valores críticos de C_2:

$$-9 \leq -0,335 \leq 0,75 \leq 2$$

Conclusão: a solução é estável para $C_2 \geq 0,75$

■ **Intervalo de estabilidade para o coeficiente de x_3.**

Entrada de x_1 (passa de $x_1 = 0$ para $x_1 = 1$)

xF_1 diminui em $0,154$

x_3 diminui em $0,385$

x_2 diminui em $0,462$

Aumento devido a x_1: ⠀⠀⠀⠀⠀⠀$1 \times 1 = 1$

Diminuição devido às outras: ⠀⠀$0,154 \times 0 + 0,385C_3 + 0,462 \times 2$

Para compensar: ⠀⠀⠀⠀⠀⠀⠀$0,385C_3 + 0,924 = 1$ ou $C_3 = 0,197$

Entrada de xF_2 (passa de $xF_2 = 0$ para $xF_2 = 1$)

xF_1 diminui em $-0,308$

x_3 diminui em $0,231$

x_2 diminui em 0,077

Aumento devido a xF_2:	$1 \times 0 = 0$
Diminuição devido às outras:	$-0,308 \times 0 + 0,231C_3 + 0,077 \times 2$
Para compensar:	$0,231C_3 + 0,154 = 0$ ou $C_3 = -0,6667$

Entrada de xF_3 (passa de $xF_3 = 0$ para $xF_3 = 1$)

xF_1 diminui em $-0,231$

x_3 diminui em $-0,077$

x_2 diminui em 0,308

Aumento devido a xF_3:	$0 \times 1 = 0$
Diminuição devido às outras:	$-0,231 \times 0 - 0,077C_3 + 0,308 \times 2$
Para compensar:	$-0,077C_3 + 0,616 = 0$ ou $C_3 = 8$

Ordenando os valores críticos de C_3:

$-0,667 \leq 0,197 \leq 3 \leq 8$

Conclusão: a solução é estável para $0,197 \leq C_3 \leq 8$

b. Mudança no coeficiente de uma variável não básica.

Quando uma variável é não básica, o que se deseja saber é qual seu coeficiente crítico para a estabilidade da solução, isto é, qual o valor a partir do qual a variável entra na base, mudando a solução.

No exemplo, a entrada de x_1 com valor 1 provoca um aumento no lucro de 1 e a diminuição devido às outras variáveis de:

$0,154 \times 0 + 0,385 \times 3 + 0,462 \times 2 = 2,079$

O resultado é um decréscimo do lucro de $2,079 - 1 = 1,079$, exatamente o valor de seu coeficiente no quadro final.

Para que a entrada de x_1 não diminua o lucro, é necessário que seu lucro unitário seja de:

$1 + 1,079 = 2,079$

isto é, o lucro corrente mais seu valor de oportunidade.

Portanto, a solução é estável para $C_1 \leq 2,079$ (mais precisamente 2,077).

8.2 ENTRADA DE UMA NOVA VARIÁVEL

Suponha que tenha sido desenvolvido um quarto produto P_4, que usa os mesmos insumos de P_1, P_2 e P_3, e que não seja possível aumentar a capacidade gerada por esses insumos. Isto significa que se colocarmos P_4 em produção, ele concorrerá com P_1, P_2 e P_3 em termos de

114 Capítulo 8

insumos. A pergunta é qual deveria ser o lucro mínimo de P_4 para que sua fabricação fosse interessante?

Um levantamento de dados mostra que a produção de P_4 exige uma unidade de R_1, uma unidade de R_2 e duas unidades de R_3. Portanto, para fabricá-lo teremos que forçar essas folgas nos recursos, o que implicará uma perda de:

$$0 \times 1 + 0,846 \times 1 + 0,385 \times 2 = 1,616$$

(0, 0,846 e 0,385 são os preços de oportunidade dos recursos no quadro final)

Conclusão: o produto P_4 poderia ser fabricado se seu lucro por unidade fosse no mínimo 1,616.

8.3 MUDANÇAS NOS VALORES DOS RECURSOS

O exame da tabela final de um modelo de programação linear, resolvido pelo método Simplex, nos dá uma série de informações com relação aos recursos usados:

Z	x_1	x_2	x_3	xF_1	xF_2	xF_3	b
1	1,077	0	0	0	0,846	0,385	13,615
0	0,154	0	0	1	−0,308	−0,231	4,231
0	0,385	0	1	0	0,231	−0,077	2,077
0	0,462	1	0	0	0,077	0,308	3,692

a. O recurso R_1 cuja folga é representada por xF_1 é um recurso não escasso. Isto significa que uma redução de até 4,23 unidades no recurso não afeta a solução. Um aumento na disponibilidade do recurso também não tem influência no programa, pois iria apenas aumentar as sobras do recurso.

b. O recurso R_2 cuja folga é xF_2 é um recurso escasso no programa. Seu coeficiente na função objetivo, 0,846 indica que se xF_2 entrar na base com valor 1, a nova solução terá o lucro diminuído em 0,846. Por outro lado, se conseguirmos mais uma unidade desse recurso aos custos correntes, a nova solução que incorpora essa unidade adicional tem o lucro aumentado em 0,846.

O problema agora é saber até quando isso pode ser feito, isto é, quantas unidades adicionais do recurso R_2 alocadas aos custos correntes podem ser incorporadas na produção com aumento no lucro de 0,846 por unidade. Da mesma forma, quantas unidades podemos retirar ocasionando uma diminuição de 0,846 no objetivo, por unidade retirada.

Vamos chamar essa variação de V_2. O que sabemos sobre V_2 é que ela não poderá tornar os valores de b negativos no quadro final. Isto daria para alguma variável um valor negativo, o que não é possível.

Do quadro inicial, os valores de b ficariam:

$$\begin{pmatrix} 10 \\ 12+V_2 \\ 9 \end{pmatrix} \text{ou} \begin{pmatrix} 10 \\ 12 \\ 9 \end{pmatrix} + \begin{pmatrix} 0 \\ 1 \\ 0 \end{pmatrix} V_2$$

No quadro final, esses dois vetores se transformam em:

$$\begin{pmatrix} 4,321 \\ 2,077 \\ 3,692 \end{pmatrix} + \begin{pmatrix} -0,308 \\ 0,231 \\ 0,077 \end{pmatrix} V_2,$$

que são as expressões de b e de xF_2 no quadro final.

Os valores limites para V_2 são dados por:

$4,231 - 0,308V_2 = 0 \rightarrow V_2 = 13,75$

$2,077 + 0,231V_2 = 0 \rightarrow V_2 = -9$

$3,692 + 0,077V_2 = 0 \rightarrow V_2 = -47,95$

Portanto, a informação do coeficiente de xF_2 se mantém para:

$-9 \leq V_2 \leq 13,75$

Vamos chamar de V_3 a variação em R_3, que mantém a informação do coeficiente de xF_3. Como argumentamos anteriormente, do quadro inicial teremos:

$$\begin{pmatrix} 10 \\ 12 \\ 9+V_3 \end{pmatrix} = \begin{pmatrix} 10 \\ 12 \\ 9 \end{pmatrix} + \begin{pmatrix} 0 \\ 0 \\ 1 \end{pmatrix} V_3$$

No quadro final, esses vetores se transformam em:

$$\begin{pmatrix} 4,321 \\ 2,077 \\ 3,692 \end{pmatrix} + \begin{pmatrix} -0,231 \\ -0,077 \\ 0,308 \end{pmatrix} V_3$$

Os valores limites para V_3 são dados por:

$4,231 - 0,231V_3 = 0 \rightarrow V_3 = 18,316$

$2,077 - 0,077V_3 = 0 \rightarrow V_3 = 26,974$

$3,692 + 0,308V_3 = 0 \rightarrow V_3 = -12$

Desta forma, V_3 pode sofrer uma diminuição de no máximo 12 unidades ou um aumento de no máximo 18,316 unidade em R_3 sem alterar a informação do coeficiente de xF_3. Isto significa que se conseguirmos até 18,316 unidades de R_3, aos custos correntes, podemos aumentar o lucro do programa em:

$0,385 \times 18,316 = 7,05$

116 Capítulo 8

Análise de sensibilidade a partir da rotina SOLVER (veja Anexo no final do livro). As informações que deduzimos estão nesta planilha. Compare.

Células Variáveis

Célula	Nome	Final Valor	Reduzido Custo	Objetivo Coeficiente	Permitido Aumentar	Permitido Reduzir
$A$2	x_1	0	-1,076923077	1	1,076923077	1E+30
$B$2	x_2	3,692307692	0	2	1E+30	1,25
$C$2	x_3	2,076923077	0	3	5	2,8

Restrições

Célula	Nome	Final Valor	Sombra Preço	Restrição Lateral R.H.	Permitido Aumentar	Permitido Reduzir
$B$4	$R_1 x2$	5,769230769	0	10	1E+30	4,230769231
$B$5	x_2	12	0,846153846	12	13,75	9
$B$6	x_2	9	0,384615385	9	18,33333333	12

EXERCÍCIOS (LISTA 8)

1. Dado o modelo de programação linear: max. $Z = x_1 + 0,30x_2 + 3x_3$

   Sujeito a: $\begin{cases} x_1 + x_2 + x_3 \leq 10 \\ 2x_1 + x_2 + 4x_3 \leq 12 \\ x_1 + 3x_2 - x_3 \leq 9 \end{cases}$

   onde x_i representa as decisões de produção dos produtos P_i, Z o lucro devido a essa atividade, as restrições, o uso dos recursos R_i e a tabela final de solução pelo Simplex:

Linha	x_1	x_2	x_3	xF_1	xF_2	xF_3	b
1	0,50	0,45	0,00	0,00	0,75	0,00	9,00
1	0,50	0,75	0,00	1,00	− 0,25	0,00	7,00
2	0,50	0,25	1,00	0,00	0,25	0,00	3,00
3	1,50	3,25	0,00	0,00	0,25	1,00	12,00

Pergunta-se:

1.1. Qual o intervalo de estabilidade para o coeficiente de x_3?

1.2. Qual o intervalo de estabilidade de xF_1?

1.3. O que significa o intervalo obtido em 1.1?

1.4. Como podemos interpretar o resultado obtido em 1.2.?

1.5. Qual o intervalo de estabilidade para o coeficiente de x_1?

1.6. Qual o intervalo de estabilidade para o coeficiente de x_2?

1.7. Suponha que um novo produto P_4 use duas unidades do recurso 1, uma unidade do recurso 2 e três unidades do recurso 3. Qual deverá ser seu lucro unitário para sua incorporação no programa?

Análise de Sensibilidade **117**

1.8. Qual o limite para o aumento da disponibilidade do recurso R_2, que mantém a informação contida em seu custo de oportunidade?

1.9. E para o recurso R_1?

1.10. Construa a análise de sensibilidade com o Solver. Compare os resultados obtidos com essa tabela.

2. Dado o modelo de programação linear max. Z = $2.100x_1 + 1.200x_2 + 600x_3$
sujeito a:
    1) $6x_1 + 4x_2 + 6x_3 \le 4.800$
    2) $12x_1 + 16x_2 + 2x_3 \le 7.200$
    3) $x_1 \le 800$
    4) $x_2 \le 600$
    5) $x_3 \le 600$

onde: x_i são as decisões de produção dos bens P_i. O objetivo é maximizar o lucro pela venda desses produtos.

Restrições:

1. Horas de máquina para a produção dos bens.
2. Horas de mão de obra para a produção.
3. Demanda de P_1.
4. Demanda de P_2.
5. Demanda de P_3.

O quadro final pelo Simplex é o seguinte:

Z	x_1	x_2	x_3	xF_1	xF_2	xF_3	xF_4	xF_5	b
1	0	1.400	0	50	150	0	0	0	1.320.000
0	0	− 0,8	1	0,20	− 0,10	0	0	0	240
0	1	1,467	0	− 0,033	0,10	0	0	0	560
0	0	− 1,467	0	0,033	− 0,10	1	0	0	240
0	0	1	0	0	0	0	1	0	600
0	0	0,8	0	− 0,20	0,10	0	0	1	360

2.1. Qual o intervalo de estabilidade para o coeficiente de x_1? O que isto significa?

2.2. Qual o intervalo de estabilidade para o coeficiente de x_3? O que isto significa?

2.3. Qual o intervalo de estabilidade para o coeficiente de xF_3? O que isto significa?

2.4. Qual o intervalo de estabilidade para o coeficiente de xF_1? O que isto significa?

2.5. Um novo produto, que use 3 horas de máquina, 5 horas de mão de obra e com demanda garantida de 200 unidades para um lucro máximo de 800 u.m., teria interesse no programa?

2.6. Qual o limite para aquisição do recurso R_1, aos custos correntes, que mantém a informação contida em seu custo de oportunidade?

2.7. Idem para o recurso R_2.

2.8. O que significa a informação contida no custo de oportunidade do recurso R_5?

2.9. Construa a análise de sensibilidade com o Solver. Compare os resultados obtidos com essa tabela.

3. Um pecuarista tem disponíveis três tipos de ração para gado. Cada tipo tem sua composição em termos de quatro nutrientes. O pecuarista quer misturar essas rações a uma palha sem valor comercial para obter um produto final que satisfaça às exigências mínimas dos animais, em termos dos nutrientes. A composição e as exigências estão no quadro:

Nutrientes	% por kg			Exigência mínima em kg por saco de 100 kg
	Ração 1	Ração 2	Ração 3	
1	30	25	10	6,0
2	20	30	20	4,0
3	25	15	30	4,0
4	25	30	40	6,0
Custo/kg	1,00	1,20	1,30	

118 Capítulo 8

O objetivo é conseguir uma mistura de mínimo custo. O quadro final de solução pelo Simplex é dada a seguir. No quadro, x_i são as quantidades de ração por kg de mistura e xF_i as folgas em relação às exigências mínimas dos nutrientes.

Z	x_1	x_2	x_3	xF_1	xF_2	xF_3	xF_4	b
1	0	0,087	0	0,789	0	0	3,053	−23,053
0	1	0,737	0	−4,211	0	0	1,053	18,947
0	0	−0,095	0	−0,316	1	0	−0,421	0,421
0	0	0,121	0	−0,263	0	1	−0,684	1,684
0	0	0,289	1	2,632	0	0	−3,158	3,158

1. Qual o intervalo de estabilidade para o custo da R_1?

2. Qual o desconto no preço da R_2 a partir do qual seu uso é interessante?

3. Qual o preço máximo de R_3 que não altera a solução encontrada?

4. Se a exigência do nutriente 1 passasse de 6 para 7 kg em cada 100 kg de mistura, qual a variação de preço que ocorreria?

5. A informação da tabela – diminuindo 1 kg do nutriente 4 na mistura, seu custo cai em 3,053 – vale até quantos quilos diminuídos?

6. Construa a análise de sensibilidade com o Solver e compare os resultados obtidos com essa tabela.

RESPOSTAS

1.1. $C_3 \geq 2$

1.2. $-7 \leq V_1 < +\infty$

1.3. A solução ótima não se altera se o lucro unitário de P_3 for de pelo menos 2.

1.4. A diminuição de R_1 de até 7 unidades não altera o lucro do programa. Qualquer aumento também não.

1.5. $C_1 \leq 1,5$

1.6. $C_2 \leq 0,75$

1.7. 0,75

1.8. 28

1.9. ∞

1.10.

Células Variáveis

Célula	Nome	Final Valor	Reduzido Custo	Objetivo Coeficiente	Permitido Aumentar	Permitido Reduzir
$A$2	x_1	0	−0,5	1	0,5	1E+30
$B$2	x_2	0	−0,45	0,3	0,45	1E+30
$C$2	x_3	3	0	3	1E+30	1

Restrições

Célula	Nome	Final Valor	Sombra Preço	Restrição Lateral R.H.	Permitido Aumentar	Permitido Reduzir
$B$5	R1 x_2	3	0	10	1E+30	7
$B$6	R3 x_2	12	0,75	12	28	12
$B$7	x_2	−3	0	9	1E+30	12

Análise de Sensibilidade **119**

2.1. $1.145,46 \leq C_1 \leq 3.600$. A solução ótima não se altera se o lucro unitário de P_1 estiver nesse intervalo.

2.2. $350 \leq C_3 \leq 2.100$. A solução ótima não se altera se o lucro unitário de P_3 estiver nesse intervalo.

2.3. $-240 \leq V_3 \leq +\infty$. A diminuição de até 240 unidades no R_3 não altera o lucro do programa. Qualquer aumento também não.

2.4. $-1.200 \leq V_1 \leq 1.800$. A diminuição de até 1.200 unidades em R_1 aos custos correntes diminui o lucro em 50 por unidade diminuída. Aumentos de até 1.800 unidades em R_1, aos custos correntes, aumentam o lucro em 50 por unidade aumentada.

2.5. Não teria, pois gera um recuo de 100 no lucro do programa.

2.6. 1.800 unidades.

2.7. 2.400 unidades.

2.8. Significa que há sobras desse recurso para o programa, isto é, o aumento ou diminuição do recurso não altera o lucro do programa.

2.9.

Células Variáveis

Célula	Nome	Final Valor	Reduzido Custo	Objetivo Coeficiente	Permitido Aumentar	Permitido Reduzir
$A$2	x_1	560	0	2100	1500	954,5454545
$B$2	x_2	0	−1.400	1200	1400	1E+30
$C$2	x_3	240	0	600	1500	250

Restrições

Célula	Nome	Final Valor	Sombra Preço	Restrição Lateral R.H.	Permitido Aumentar	Permitido Reduzir
$B$4	R1 x_2	4800	50	4800	1800	1200
$B$5	R2 x_2	7200	150	7200	2400	3600
$B$6	R3 x_2	560	0	800	1E+30	240
$B$7	x_2	0	0	600	1E+30	600
$B$8	x_2	240	0	600	1E+30	360

3.1. $0,813 \leq C_1 \leq 1,118$

3.2. 0,087

3.3. 1,60

3.4. Um aumento de 0,789.

3.5. Até 1 kg.

3.6. Sensibilidade dado pelo programa LINDO (LINDO SYSTEMS INC.)

OBJ COEFFICIENT RANGES

VARIABL	CURRENT COEF	ALLOWABLE INCREASE	ALLOWABLE DECREASE
X_1	1.000000	0.117857	0.187500
X_2	1.200000	INFINITY	0.086842
X_3	1.300000	0.300000	0.966667

RIGHTHAND SIDE RANGES

ROW	CURRENT RHS	ALLOWABLE INCREASE	ALLOWABLE DECREASE
2	6.000000	1.200000	1.333333
3	4.000000	0.421053	INFINITY
4	4.000000	1.684211	INFINITY
5	6.000000	18.000000	1.000000

Simulação

9

> A adoção do caráter aleatório de variáveis na construção de modelos de sistemas substitui o conceito de acerto ou erro pelo risco. Tem pouco sentido aqui procurar uma solução ótima para um problema. Faz sentido entender que tipo de variação pode ser feito para melhorar o desempenho do sistema, ou seja, objetivo mais adequado e menor risco.

9.1 INTRODUÇÃO

A simulação é uma das técnicas mais gerais usadas em Pesquisa Operacional. Simular significa reproduzir o funcionamento de um sistema, com o auxílio de um modelo, o que nos permite testar algumas hipóteses sobre o valor de variáveis controladas. As conclusões são usadas então para melhorar o desempenho do sistema em estudo.

Modelos de simulação aparecem sob a forma de jogos de empresa, simuladores de voos, modelos físicos de aeronaves para testes em túnel de vento etc.

Neste trabalho, estaremos interessados em modelos matemáticos cuja complexidade descarta a abordagem por outras técnicas, como o cálculo infinitesimal, programação linear e não linear. Esta complexidade a que nos referimos é introduzida no modelo pela incorporação de situações que envolvem a incerteza. Além disso, a simulação é especialmente indicada para modelos dinâmicos que envolvem múltiplos períodos de tempo.

Os modelos de simulação dinâmicos são usados de um período de tempo ao período seguinte, captando as mudanças ocorridas com o tempo, o que nos permite avaliar o efeito de um conjunto de decisões sucessivas.

A simulação em sistemas que incorporam elementos aleatórios é denominada Simulação Estocástica ou de Monte Carlo, e na prática é viabilizada com o uso de computadores devido à grande massa de dados a ser processada.

Exemplos de problemas que se enquadram nessa categoria:

a. Dimensionamento de instalações

O cálculo do número de caixas em um supermercado envolve considerações como:

- o número de pessoas que chegam à fila num período de tempo;
- o tempo de atendimento de um cliente;
- o tempo que o cliente espera para ser atendido etc.

Estas variáveis são aleatórias e a situação se altera com o correr do tempo. O problema consiste em manter o tempo que o cliente gasta para este serviço dentro de padrões considerados aceitáveis e com os menores custos para estas condições.

b. Programação de sistemas com retroinformação

É o caso de empresas que fabricam por encomenda. A programação usa as variáveis:

- capacidade das máquinas usadas na produção;
- disponibilidade de mão de obra;
- suprimento de matéria-prima;
- data da entrega combinada.

Ao chegar um novo pedido, essa programação tem que ser revista para incorporar dados novos e consequente atualização. A chegada de um novo pedido é aleatória, assim como as outras variáveis citadas.

c. Dimensionamento de estoques

Neste caso devem ser consideradas as variáveis:

- demanda aleatória num período de tempo;
- tempo aleatório de atendimento de pedido de reposição (fabricação ou compra);
- estoque inicial e final do período.

O problema é manter o atendimento dentro dos padrões previamente estabelecidos com a maior economia possível no gerenciamento e na manutenção dos estoques.

A simulação é usada em situações em que é muito caro ou difícil o experimento na situação real. Ela nos permite fazer esse experimento com o modelo variando parâmetros críticos, para conhecer quais as combinações que dão os melhores resultados. Desta forma podemos analisar o efeito de mudanças sem correr o risco da construção de um sistema real equivocado, o que transformaria os custos dessa construção em prejuízos.

9.2 GERAÇÃO DE EVENTOS ALEATÓRIOS

Vamos supor que uma variável aleatória (por exemplo, a demanda de um produto) tenha apresentado a seguinte distribuição de frequência:

Valor (demanda)	Frequência
100	10
105	30
110	40
115	15
120	5

Após uma análise da situação, chegou-se à conclusão de que não há motivo para acreditar que os fatores importantes que condicionam os valores da variável (no caso, a demanda do produto) tenham sofrido alterações significativas. Desta forma, podemos aceitar que esta distribuição gerada no passado continue descrevendo o comportamento dessa variável, e podemos usá-la para simular um padrão de 10 valores de demandas do produto para dez dias, por exemplo.

Uma maneira de fazer isso seria colocar em uma caixa 10 bolinhas com o número 100, 30 bolinhas com o número 105 etc. Ao sortear uma bolinha, a probabilidade de ocorrer um desses valores é a frequência observada no passado, e ainda válida.

Sorteando 10 bolinhas com reposição, teríamos um padrão de valores (demandas) da variável.

Esse procedimento pode ser simplificado, considerando as bolinhas grafadas com números de dois algarismos, de 00 a 99, o que dá 100 bolinhas.

Para isso, consideremos a distribuição da variável aleatória e sua frequência acumulada:

Valor (demanda)	Frequência	Frequência acumulada
100	10	10
105	30	40
110	40	80
115	15	95
120	5	100

Teríamos, então, segundo as frequências acumuladas na tabela anterior:

Valor (demanda)	Número na bolinha
100	00 a 09
105	10 a 39
110	40 a 79
115	80 a 94
120	95 a 99

Simulação **123**

Essa tabela reproduz a distribuição por frequência da variável. Sorteamos agora 10 bolinhas e anotamos os valores correspondentes.

Sorteio	1	2	3	4	5	6	7	8	9	10
Bolinha	27	38	03	92	46	12	76	18	50	72
Valores (demanda)	105	105	100	115	110	105	110	105	110	110

Para evitar o manuseio físico de caixas, bolinhas etc., podemos lançar mão de uma tabela de números aleatórios. São números sorteados ou gerados de maneira equiprovável e colocados em uma tabela. Para gerar um grupo de números aleatórios de dois dígitos basta iniciar em um ponto qualquer da tabela e anotar por exemplo os dois últimos algarismos do número da tabela. A seguir anotar os dois últimos algarismos dos números que estão na sequência de linhas ou colunas da tabela a partir do primeiro número considerado, em qualquer sentido, até obter o total de números de dois algarismos desejados (vide tabela de números aleatórios).

Exemplo: O tempo de atendimento de um caixa num supermercado foi anotado após um período considerado satisfatório para o treinamento do operador, para garantir que sua rapidez seja estável.

Tempo de atendimento em minutos	Frequência
2	5
4	8
6	15
8	10
10	2

Gerar, com o auxílio da tabela de números aleatórios, um padrão de atendimento para cinco clientes.

Solução: Como temos 40 observações, calculamos as frequências relativas ou porcentagens (quantidades em 100), e a frequência relativa acumulada.

Tempo de atendimento em minutos	Frequência relativa (%)	Frequência relativa acumulada (%)
2	12,5	12,5
4	20	32,5
6	37,5	70
8	25	95
10	5	100

Para contornar o problema dos valores não inteiros das duas primeiras porcentagens, consideramos a frequência em 1.000, o que nos leva à tabela de números aleatórios apresentados a seguir:

Tempo de atendimento em minutos	Frequência relativa a 1.000, acumulada (% × 10)	Números aleatórios de identificação dos tempos
2	125	000 a 124
4	325	125 a 324
6	700	325 a 699
8	950	700 a 949
10	1.000	950 a 999

Com o auxílio da tabela de números aleatórios, sorteamos cinco números de três algarismos, do mesmo modo que o exposto no caso anterior:

053 999 130 563 434

Clientes	1	2	3	4	5
Número aleatório	053	999	130	563	434
Tempo de atendimento	2	10	4	6	6

9.3 EXEMPLO DE APLICAÇÃO

Um feirante faz compra de ovos uma vez por semana num entreposto atacadista. Os ovos não vendidos dentro de uma semana se estragam, e são descartados, acarretando prejuízo de 400 u.m. por dúzia. Por outro lado, a falta de produto para a venda também acarreta perda, estimada em 150 u.m. por dúzia demandada e não vendida. O feirante anotou a demanda das últimas 40 semanas e dividiu-as em sete classes, conforme o quadro:

Classes (dúzia)	Média	Frequência
200 – 210	205	2
210 – 220	215	5
220 – 230	225	9
230 – 240	235	10
240 – 250	245	7
250 – 260	255	4
260 – 270	265	3

Simulação **125**

Testar as hipóteses:

1. Comprar cada semana a demanda efetiva da semana anterior.
2. Comprar uma quantidade igual à média histórica anotada no período anterior de 40 semanas (média = valor inteiro mais próximo da média verificada).
3. O exame dos resultados sugere o teste de outra hipótese?

Vamos simular a primeira hipótese para 20 semanas. Os limites para os números aleatórios são obtidos através da frequência acumulada relativa, conforme mostra a tabela:

Média	Frequência	Frequência relativa %	Frequência relativa a 1.000	Frequência acumulada relativa	Limite para os números aleatórios
205	2	5	50	50	000 a 049
215	5	12,5	125	175	050 a 174
225	9	22,5	225	400	175 a 399
235	10	25	250	650	400 a 649
245	7	17,5	175	825	650 a 824
255	4	10	100	925	825 a 924
265	3	7,5	75	1.000	925 a 999

A partir de uma tabela de números aleatórios, levantamos uma sequência de vinte números de três algarismos, como já anteriormente descrito. Para iniciar o processo, vamos aceitar a demanda anterior à primeira semana igual à média do período anterior.

$$Média = \frac{\sum x_i f_i}{\sum f_i} = \frac{205 \times 2 + 215 \times 5 + ... + 265 \times 3}{40} = 234,75 \text{ ou } 235$$

Semana	Número aleatório	Demanda	Estoque inicial	Venda	Estoque final	Custo de falta	Custo de sobras	Custo total
1	750	245	235	235	0	1.500	0	1.500
2	261	225	245	225	20	0	8.000	8.000
3	048	205	225	205	20	0	8.000	8.000
4	438	235	205	205	0	4.500	0	4.500
5	053	215	235	215	20	0	8.000	8.000
6	939	265	215	215	0	7.500	0	7.500
7	414	235	265	235	30	0	12.000	12.000
8	685	245	235	235	0	1.500	0	1.500
9	103	215	245	215	30	0	12.000	12.000
10	460	235	215	215	0	3.000	0	3.000
11	915	255	235	235	0	3.000	0	3.000

(*Continua*)

12	637	235	255	235	20	0	8.000	8.000
13	353	225	235	225	10	0	4.000	4.000
14	335	225	225	225	0	0	0	0
15	087	215	225	215	10	0	4.000	4.000
16	536	235	215	215	0	3.000	0	3.000
17	418	235	235	235	0	0	0	0
18	247	225	235	225	10	0	4.000	4.000
19	253	225	225	225	0	0	0	0
20	248	225	225	225	0	0	0	0

Custo total = 92.000

2ª hipótese: comprar 235 toda semana.

Semana	Número aleatório	Demanda	Estoque inicial	Venda	Estoque final	Custo de falta	Custo de sobras	Custo total
1	750	245	235	235	0	1.500	0	1.500
2	261	225	235	225	10	0	4.000	4.000
3	048	205	235	205	30	0	12.000	12.000
4	438	235	235	235	0	0	0	0
5	053	215	235	215	20	0	8.000	8.000
6	939	265	235	235	0	4.500	0	4.500
7	414	235	235	235	0	0	0	0
8	685	245	235	235	0	1.500	0	1.500
9	103	215	235	215	20	0	8.000	8.000
10	460	235	235	235	0	0	0	0
11	915	255	235	235	0	3.000	0	3.000
12	637	235	235	235	0	0	0	0
13	353	225	235	225	10	0	4.000	4.000
14	335	225	235	225	10	0	4.000	4.000
15	087	215	235	215	20	0	8.000	8.000
16	536	235	235	235	0	0	0	0
17	418	235	235	235	0	0	0	0
18	247	225	235	225	10	0	4.000	4.000
19	253	225	235	225	10	0	4.000	4.000
20	248	225	235	225	10	0	4.000	4.000

Custo total = 70.500

O quadro mais favorável é o segundo. Observando a distribuição dos custos parece razoável pensar na hipótese de uma compra menor que a média histórica:

Por exemplo: compra de 230 dúzias por semana.

Semana	Número aleatório	Demanda	Estoque inicial	Venda	Estoque final	Custo de falta	Custo de sobras	Custo total
1	750	245	230	230	0	2.250	0	2.250
2	261	225	230	225	5	0	2.000	2.000
3	048	205	230	205	25	0	10.000	10.000
4	438	235	230	230	0	750	0	750
5	053	215	230	215	15	0	6.000	6.000
6	939	265	230	230	0	5.250	0	5.250
7	414	235	230	230	0	750	0	750
8	685	245	230	230	0	2.250	0	2.250
9	103	215	230	215	15	0	6.000	6.000
10	460	235	230	230	0	750	0	750
11	915	255	230	230	0	3.750	0	3.750
12	637	235	230	230	0	750	0	750
13	353	225	230	225	5	0	2.000	2.000
14	335	225	230	225	5	0	2.000	2.000
15	087	215	230	215	15	0	6.000	6.000
16	536	235	230	230	0	750	0	750
17	418	235	230	230	0	750	0	750
18	247	225	230	225	5	0	2.000	2.000
19	253	225	230	225	5	0	2.000	2.000
20	248	225	230	225	5	0	2.000	2.000

Custo total = 58.000

Conclusão: Das três hipóteses testadas, a terceira parece a mais favorável.

9.4 OBSERVAÇÕES

1. Usamos a mesma sequência de números aleatórios porque estamos interessados em testar hipóteses excludentes, sob as mesmas condições.

2. O número de simulações é pequeno, o que traz sob o ponto de vista estatístico erros significativos para o processo. O razoável é pensar em pelo menos 100 simulações, que é quando se começa a observar a necessária estabilidade nos resultados. Faremos posteriormente comentários sobre o número de simulações e as consequências sobre a confiabilidade dos resultados.

3. Esse número de simulações desejado pode ser feito rapidamente com o auxílio do computador. O programa pode ser feito em várias linguagens, como Fortran, Basic, Pascal etc. ou em linguagens específicas para simulação, como o PPS ou Dynamo. O auxílio de uma planilha Lotus ou Excel simplifica bastante as operações.

4. Para a simulação com variável discreta usando a planilha Excel, devemos observar os passos:

4.1. Preencha as colunas x_i e f_i.

4.2. Escolha: Utilitários/Analisar dados/Geração de números aleatórios/Distribuição discreta.

4.3. Preencha: intervalo de probabilidade e valor $a_i : bj$, onde:

a_i = célula inicial dos valores de x_i.

bj = célula final dos valores de f_i.

4.4. Escolha a célula com base na qual os valores gerados serão editados.

EXERCÍCIOS (LISTA 9)

1. Uma central de atendimento anotou nos últimos 100 dias a quantidade de pessoas atendidas por dia, e distribuiu-as em cinco classes.

Classes	Número de atendimentos
10 ----| 12	15
12 ----| 14	20
14 ----| 16	35
16 ----| 18	20
18 ----| 20	10

   Construir um padrão do número de atendimentos para a próxima semana (sete dias). Use os números aleatórios: 10, 85, 36, 49, 58, 05, 67.

2. As variáveis x e y são independentes e têm as distribuições empíricas:

   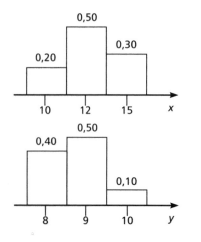

3. Construir os valores de $z = 2x + 3y$ usando 10 simulações para x e y. Qual o valor médio de z? Qual o desvio-padrão de z?

   Use os números aleatórios:

   Para x: 38, 91, 18, 89, 71, 67, 46, 73, 42, 47

   Para y: 34, 41, 69, 04, 51, 61, 29, 21, 02, 34

4. Um item do estoque de uma empresa tem tempo de espera (tempo decorrente entre o pedido de reposição e o atendimento) de um, dois ou três dias, com probabilidade de 30%, 40% e 30%. Simular a situação do estoque para sete dias, sabendo que o uso diário do produto é de quatro unidades, o estoque inicial de 14 unidades, e o pedido é feito sempre que o estoque tenha menos de 12 peças. Qual o estoque após os sete dias simulados? A quantidade pedida é 10 unidades. Os pedidos podem ser acumulados. Use os números aleatórios: 45, 38, 96, 84, 12, 62, 35 etc.

5. No problema anterior, suponha que o uso diário do produto seja de três, quatro ou cinco unidades, com probabilidades: 20%, 50%, 30% respectivamente. Use os números aleatórios para o uso diário: 48, 53, 47, 18, 36, 87, 35 etc.

6. Suponha agora que no problema 4, o custo de manter o estoque de um dia para outro seja de 0,5 por unidade, e que o custo por falta de um item seja de 2,00. Qual o custo semanal neste caso?

7. Simule a situação do problema 5, usando o fato de fazer o pedido quando o estoque tenha me-

nos de 10 peças. Qual o custo neste caso? O que sugere este resultado?

7. Uma empresa de consertos tem três funcionários para o atendimento aos clientes. Quando não é possível o atendimento através dos funcionários, a firma contrata serviços de terceiros a um custo maior. Faça 10 simulações para testar cada uma das hipóteses:

   a. A dispensa de um funcionário (o pior deles, com menor média), diminuirá os custos de operação.

   b. A contratação de um funcionário (igual ao pior deles) diminuirá os custos de operação.

Dados:

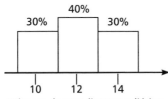

Número de atendimentos diários do funcionário nº 1

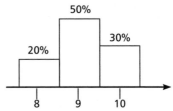

Número de atendimentos diários do funcionário nº 2

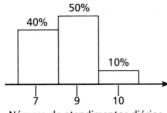

Número de atendimentos diários do funcionário nº 3

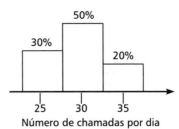

Número de chamadas por dia

Custo por atendimento $\begin{cases} \text{Funcionário: 10,00} \\ \text{Terceiro: 15,00} \end{cases}$

Fixo do funcionário por 10 dias: 50

Use os números aleatórios:

Funcionário 1: 00, 76, 07, 46, 85, 00, 06, 33, 37, 83

Funcionário 2: 96, 64, 02, 04, 89, 78, 89, 57, 63, 17

Funcionário 3: 83, 50, 68, 78, 44, 82, 23, 19, 47, 99

Número de chamadas: 53, 59, 43, 94, 10, 40, 37, 65, 20, 27

8. No problema anterior, suponha que haja uma expectativa de que a demanda de chamadas por dia cresça 20% e que a empresa tenha cadastrado um técnico que pode atender em média oito clientes por dia. Vale a pena contratá-lo?

9. Uma pessoa está pensando em deixar seu carro estacionado em local proibido ao lado da escola que frequenta. Ela sabe que a probabilidade de o guarda fiscalizar o local num dia qualquer é de 10%, e no caso de constatar a irregularidade, a multa é de 60. Ela acredita que se o guarda multar seu carro num dia, ele passará no dia seguinte para verificar novamente o local. Deste modo, sendo multado num dia, o carro não deverá ficar estacionado no local proibido no dia seguinte. A alternativa a essa situação é deixar o carro num estacionamento próximo que cobra 5 por dia.

Teste para o próximo mês, que tem 30 dias, começando numa quinta-feira, as hipótese a seguir. Use o fato de que a escola tem aulas de segunda a sexta-feira.

   a. Deixar o carro no local proibido.

   b. Usar simplesmente o estacionamento.

130 Capítulo 9

Use os números aleatórios: 39, 32, 90, 92, 35, 65, 15, 30, 51, 89, 75, 53, 21, 05, 73, 04, 43, 77, 34, 01

10. Um guichê de atendimento leva 1, 2, 3 ou 4 minutos para atender uma pessoa, com probabilidade de 15%, 25%, 40% e 20%. O número de clientes que chegam para fila de espera é de 1 ou 2 por minuto, com probabilidade de 60% e 40%. Se a fila é única e existem três guichês de atendimento, simule a situação da fila de espera nos 10 primeiros minutos a partir da abertura dos guichês. Há cinco clientes na fila de espera no momento da abertura dos guichês.

Use os números aleatórios:

1º guichê: 33, 37, 83, 50

2º guichê: 59, 43, 94

3º guichê: 18, 76, 65, 20

chegada na fila: 79, 52, 86, 19, 47, 99, 68, 47, 64, 78

A velocidade no atendimento parece compatível com o número de pessoas que demandam esse serviço?

RESPOSTAS

1. 11, 17, 15, 15, 15, 11, 15
2. 48, 57, 47, 54, 57, 51, 48, 54, 48, 48; $s = 3,97$, $\bar{z} = 51,20$
3. 6 unidades
4. 6 unidades
5. 39,00
6. 33,00 – A tendência é diminuir o custo.

7. a. Falsa b. Verdadeira
8. Sim
9. Melhor hipótese (b) (Foi usado: 00 – 89: não passa; 90 – 99: passa)
10. Clientes na fila após 10 minutos: 10. Não, pois a fila tende a crescer continuamente.

Modelos Teóricos de Probabilidade 10

Algumas distribuições teóricas de probabilidade apresentam certas características que permitem uma descrição correta de variáveis muito comuns em processos de simulação.

Se uma variável aleatória tem teoricamente o comportamento de uma variável com distribuição conhecida, e se é possível um bom ajustamento de sua curva empírica pela curva desse modelo teórico, devemos considerar os seguintes fatos:

Usando a distribuição empírica no processo de simulação, estaremos limitando as possíveis ocorrências futuras às condições válidas no passado. Alguns acontecimentos podem não ter tido oportunidade de ocorrência, o que impede sua reprodução no futuro.

Usando uma distribuição teórica de probabilidades nas condições descritas, estaremos adicionando informações ao comportamento da variável, o que torna o modelo mais apto a prever o futuro.

Desta forma, sempre que haja aquelas condições favoráveis, devemos optar pelo uso do modelo teórico ajustado, ao invés do modelo empírico.

10.1 DISTRIBUIÇÃO RETANGULAR OU UNIFORME

É a distribuição de uma variável aleatória x num intervalo $[a,b]$, cuja função densidade de probabilidade FDP é dada por:

$$f(x) = \begin{cases} 0 \text{ para } x < a \text{ ou } x > b \\ \dfrac{1}{b-a} \text{ para } a \leq x \leq b \end{cases}$$

A média e a variância são dadas por:

$$E(x) = \frac{b+a}{2} \quad \text{e} \quad \sigma^2(x) = \frac{(b-a)^2}{12}$$

132 Capítulo 10

A função de densidade acumulada *FDA* é definida como:

$$F(x) = \begin{cases} 0 \text{ se } x < a \\ \dfrac{x-a}{b-a} \text{ se } a < x < b \\ 1 \text{ se } x \geq b \end{cases}$$

Exemplo:

O departamento de montagem de uma empresa requisita caixas de parafusos para o departamento de serviços. O tempo de atendimento é de 1 a 6 horas, dependendo do acúmulo de trabalho no departamento de serviços, e acredita-se que tenha uma distribuição uniforme. Se a chegada do material é verificada de hora em hora a partir da segunda hora do pedido, simular o tempo de espera para cinco pedidos.

Solução:

Neste caso, a FDA no intervalo [1,6] é: $F(x) = \dfrac{x-1}{5}$

$x = 1 \quad F(1) = \dfrac{0}{5} = 0$ $\qquad\qquad x = 2 \quad F(2) = \dfrac{1}{5} = 0,20$

$x = 3 \quad F(3) = \dfrac{2}{5} = 0,40$ $\qquad\qquad x = 4 \quad F(4) = \dfrac{3}{5} = 0,60$

$x = 5 \quad F(5) = \dfrac{4}{5} = 0,80$ $\qquad\qquad x = 6 \quad F(6) = \dfrac{5}{5} = 1,00$

Os limites para os números aleatórios são:

Tempo de atendimento	FDA	Limite para números aleatórios
0 ------| 1	0	–
1 ------| 2	0,20	00 a 19
2 ------| 3	0,40	20 a 39
3 ------| 4	0,60	40 a 59
4 ------| 5	0,80	60 a 79
5 ------| 6	1,00	80 a 99

Simulando os tempos de espera:

Número aleatório	Tempo de espera em horas
12	2
93	6
02	2
86	6
14	2

OBSERVAÇÃO: Podemos gerar valores sob uma distribuição uniforme no intervalo [a,b], usando a expressão:

$x = a + (b - a) . R$

onde R é um número aleatório do intervalo [0,1].

Ex.: O tempo de atendimento em uma fila se distribui uniformemente de 0,5 min a 3 min. A expressão $x = 0,5 + 2,5R$ gera para cada número aleatório R de [0,1] um tempo de atendimento nesta fila.

10.2 DISTRIBUIÇÃO DE POISSON

A variável de Poisson descreve o número de vezes que ocorre um evento, que certamente ocorrerá muitas vezes, mas que é pouco provável que ocorra num particular instante de observação. Essa característica é típica de chegadas em fila de espera.

A probabilidade de n ocorrências em um intervalo de tempo Δt é dada por:

$$P(n, \Delta t) = \frac{(\lambda \cdot \Delta t)^n}{n!} \cdot e^{-\lambda . \Delta t}$$

Onde λ é a taxa de chegada, isto é, o número de chegadas na unidade de tempo usada para Δt.

A média e a variância da variável de Poisson são:

$$\mu(x) = \sigma^2(x) = \lambda . \Delta t$$

Exemplo:

Uma fila de atendimento de um pronto-socorro recebe em média quatro acidentados por hora. Descrever com o auxílio de números aleatórios um padrão de chegadas de acidentados para as próximas 10 horas de funcionamento.

Solução:

A probabilidade de ocorrer em uma hora:

134 Capítulo 10

0 chegada
$$P(0,1) = \frac{(4 \times 1)^0}{0!} \cdot e^{-4 \times 1} = \frac{1}{e^4} = 0,018$$

1 chegada
$$P(1,1) = \frac{(4 \times 1)^1}{1!} \cdot e^{-4 \times 1} = \frac{4}{e^4} = 0,074$$

2 chegadas
$$P(2,1) = \frac{(4 \times 1)^2}{2!} \cdot e^{-4 \times 1} = \frac{8}{e^4} = 0,146 \text{ etc.}$$

As tabelas para a distribuição de Poisson dão diretamente a probabilidade acumulada de P (número de ocorrências $\leq n$). Então:

Número de ocorrências	P (número de ocorrências $\leq n$)	Limite para os números aleatórios	Números aleatórios	Número de chegadas por hora
0	0,018	000 – 017	318	3
1	0,092	018 – 091	503	4
2	0,238	092 – 237	654	5
3	0,433	238 – 432	852	6
4	0,629	433 – 628	159	2
5	0,785	629 – 784	823	6
6	0,889	785 – 888	821	6
7	0,949	889 – 948	277	3
8	0,979	949 – 978	947	7
9	0,992	979 – 991	918	7
10	0,997	992 – 996		
11	0,999	997 – 998		
12	1,000	999		

10.3 DISTRIBUIÇÃO NORMAL

Uma variável tem distribuição normal se esta distribuição tiver a forma da curva de Gauss, isto é, uma curva em forma de sino, simétrica em relação à média e definida em toda a reta real. Sua função densidade de probabilidade é:

$$f(x) = \frac{1}{\sqrt{2\pi} \cdot \sigma} \cdot e^{-\frac{1}{2}\left(\frac{x-\mu}{\sigma}\right)^2} \text{, } x \in R, \text{ onde } \mu = \text{média e } \sigma^2 = \text{variância}$$

A probabilidade acumulada para a variável normal envolve técnicas complicadas de cálculo. O problema é resolvido através da tabela de uma particular normal com média zero e variância 1. Esta normal é representada por Z e denominada normal padrão.

Conhecida a média e a variância de outra variável normal x, a expressão:

Modelos Teóricos de Probabilidade **135**

$$Z = \frac{x - \mu}{\sigma(x)}$$

fornece através da tabela da variável normal padrão a probabilidade de ocorrência de valores menores ou iguais a x.

Exemplo 1:

As vendas semanais de um produto distribuem-se normalmente com média 5 e variância 2,25. Construir um padrão de vendas para as próximas quatro semanas.

Solução:

No caso, a variável vendas semanais possui valores inteiros. Podemos contornar o problema, fazendo $P(x = n) = P(x \leq n + 0,5) - P(x \leq n - 0,5)$. Então:

$P(x = 0) = P(x \leq 0,5) - P(x \leq -0,5)$
$P(x = 1) = P(x \leq 1,5) - P(x \leq 0,5)$
$P(x = 2) = P(x \leq 2,5) - P(x \leq 1,5)$ etc.

Para usar a tabela, teremos $Z = \dfrac{x - 5}{1,5}$

$x = -0,5 \quad Z = \dfrac{-0,5 - 5}{1,5} = \dfrac{-5,5}{1,5} = -3,67 \qquad \Rightarrow P(x \leq -0,5) = 0,000$

$x = 0,5 \quad Z = \dfrac{0,5 - 5}{1,5} = \dfrac{-4,5}{1,5} = -3 \qquad \Rightarrow P(x \leq 0,5) = 0,001$

$P(x = 1,5) \quad Z = \dfrac{1,5 - 5}{1,5} = \dfrac{-3,5}{1,5} = -2,33 \qquad \Rightarrow P(x \leq 1,5) = 0,009$

$P(x = 2,5) \quad Z = \dfrac{2,5 - 5}{1,5} = \dfrac{-2,5}{1,5} = -1,67 \qquad \Rightarrow P(x \leq 2,5) = 0,048$ etc.

Então:

$P(x = 0) = 0,001 - 0,000 = 0,001$
$P(x = 1) = 0,009 - 0,001 = 0,008$
$P(x = 2) = 0,048 - 0,039 = 0,014$ etc.

A probabilidade acumulada é dada portanto por $P(x \leq n + 0,5)$

136 Capítulo 10

Número	$P(x \leq n + 0,5)$	Limite para os números aleatórios	Números aleatórios para quatro semanas	Vendas para quatro semanas
0	0,001	000		
1	0,009	001 – 008		
2	0,048	009 – 047		
3	0,159	048 – 158		
4	0,371	159 – 370	266	4
5	0,629	371 – 628	527 – 593	5 – 5
6	0,862	629 – 861	729	6
7	0,953	862 – 952		
8	0,990	953 – 959		
9	0,999	990 – 998		
10	1,000	999		

OBSERVAÇÕES: Se a variável x é normalmente distribuída, podemos gerar um padrão de valores para essa variável através da expressão:

$$x = \sigma(x) \cdot \left(\sum_{i=1}^{12} R_i - 6 \right) + \mu(x)$$

onde: $\sum_{i=1}^{12} R_i$ é a soma de 12 números aleatórios do intervalo $[0,1]$.

Exemplo:

Se x é normal com $\mu_x = 4,37$ e $\sigma(x) = 2,00$ construir um padrão de dois valores para x.

Solução:

Números aleatórios para x_1: 0,85; 0,25; 0,63; 0,43; 0,65; 0,17; 0,70; 0,82; 0,07; 0,20; 0,73; 0,17.

$$\sum_{i=1}^{12} R_i = 5,67$$

$x_1 = 2,00 \, (5,67 - 6) + 4,37 = 3,71.$

Números aleatórios para x_2: 0,14; 0,22; 0,56; 0,85; 0,14; 0,46; 0,42; 0,75; 0,67; 0,88; 0,96; 0,19.

$$\sum_{i=1}^{12} R_i = 6,24$$

$x_2 = 2,00 \, (6,24 - 6) + 4,37 = 4,85.$

Modelos Teóricos de Probabilidade **137**

10.4 DISTRIBUIÇÃO EXPONENCIAL

A variável aleatória T, que mede o intervalo de tempo entre duas ocorrências consecutivas em um fenômeno de Poisson, tem uma distribuição de probabilidade conhecida como distribuição exponencial.

Sua função densidade de probabilidade é:

$$f(\Delta t) = \begin{cases} 0 \text{ para } \Delta t < 0 \\ \lambda e^{-\lambda \Delta t} \text{ para } \Delta t \geq 0 \end{cases}$$

onde Δt é o intervalo de tempo e λ o número de ocorrências na unidade de tempo de Δt (taxa de ocorrências).

A variável T tem média $\mu(T) = \dfrac{1}{\lambda}$ e variância $\sigma^2(T) = \dfrac{1}{\lambda^2}$

Sua função de densidade acumulada F é dada por:

$$F(\Delta t) = \begin{cases} 0 \text{ para } \Delta t < 0 \\ 1 - e^{-\lambda \Delta t} \text{ para } \Delta t \geq 0 \end{cases}$$

e mede a probabilidade de o intervalo entre duas ocorrências consecutivas ser menor ou igual a Δt.

Exemplo 1:

O atendimento de clientes em um posto de serviço tem distribuição exponencial com média de 5 minutos. Gerar 20 tempos de atendimento em número inteiro de minutos.

Solução:

Como a variável assume valores inteiros, teremos:

$F(\Delta t) = F(\Delta t + 0,5) - F(\Delta t - 0,5)$

O tempo mínimo de atendimento será de 1 minuto. Assim:

$F(1) = F(1,5) - F(0,5)$
$F(2) = F(2,5) - F(1,5)$
$F(3) = F(3,5) - F(2,5)$ etc.

Como $\mu(T) = 5$ então $\dfrac{1}{\lambda} = 5 \Rightarrow \lambda = \dfrac{1}{5}$

Cálculos:

$F(0) \quad = 1 - e^{-\frac{1}{5} \cdot 0} \quad = 1 - e^{-0,0} = 0$

$F(1,5) \quad = 1 - e^{-\frac{1}{5} \cdot 1,5} \quad = 1 - e^{-0,3} = 0,259$

$$F(2,5) = 1 - e^{-\frac{1}{5} \cdot 2,5} = 1 - e^{-0,5} = 0,393$$

$$F(3,5) = 1 - e^{-\frac{1}{5} \cdot 3,5} = 1 - e^{-0,7} = 0,503$$

O resumo dos cálculos está na tabela.

Tempo de atendimento em minutos	Probabilidade	Probabilidade acumulada	Limite dos números aleatórios	Números aleatórios	Tempo gerado para 20 atendimentos
1	0,26	0,26	00 a 25	20, 06, 20, 08, 20	1, 1, 1, 1,1
2	0,13	0,39	26 a 38	22	2
3	0,11	0,50	39 a 49	45, 48, 47	3, 3, 3
4	0,09	0,59	50 a 58	54, 52, 52	4, 4, 4
5	0,07	0,66	59 a 65	61	5
6	0,06	0,72	66 a 71	66	6
7	0,05	0,77	72 a 76	76, 75	7, 7
8	0,04	0,81	77 a 80		
9	0,03	0,84	81 a 83	81	9
10	0,03	0,87	84 a 86	84	10
11	0,02	0,89	87 a 88		
12	0,02	0,91	89 a 90		
13	0,02	0,93	91 a 92		
14	0,01	0,94	93	93	14
15	0,01	0,95	94		
16	0,01	0,96	95		
17	0,01	0,97	96		
18	0,01	0,98	97		
19	0,01	0,99	98		
20	0,01	1,00	99	99	20

Exemplo 2:

Uma variável tem distribuição exponencial com média $\mu(x) = \dfrac{1}{\lambda}$. Um grupo de valores para Δt pode ser obtido com o auxílio de logaritmos. Como:

$F(\Delta t) = 1 - e^{-\lambda \Delta t}$, então:

$e^{-\lambda \Delta t} = 1 - F(\Delta t)$

Modelos Teóricos de Probabilidade **139**

ou aplicando logaritmos, obtém-se:

$\ln e^{-\lambda \Delta t} = \ln [1 - F(\Delta t)]$, ou

$-\lambda \Delta t = \ln [1 - F(\Delta t)]$ ou $\Delta t = \dfrac{\ln [1 - F(\Delta t)]}{-\lambda}$.

Para gerar um valor para Δt devemos gerar um número aleatório para $F(\Delta t)$ no intervalo [0,1]. Isto equivale a gerar um número aleatório para $1 - F(\Delta t)$. Como $F(\Delta t)$ é um número aleatório em [0,1[, $1 - F(\Delta t)$ é também um número aleatório em]0,1].

Assim $\Delta t = -\dfrac{\ln R}{\lambda}$ é onde R é um número aleatório em]0,1].

Deste modo, se o tempo médio entre duas chegadas consecutivas em uma fila de espera é de 2 minutos, gerar intervalos de chegadas para 5 clientes envolve os procedimentos:

a. Gerar cinco números aleatórios no intervalo]0,1]: 0,26; 0,49; 0,08; 0,57 e 0,63.

b. Calcular $\Delta t = -\dfrac{\ln R}{\lambda}$. Como $\lambda = \dfrac{1}{2}$ então $\Delta t = -\dfrac{\ln R}{\dfrac{1}{2}}$ ou $\Delta t = -2\ln R$.

$R = 0,26$ $\Delta t = -2 \ln 0,26 = 2,69$

$R = 0,49$ $\Delta t = -2 \ln 0,49 = 1,43$

$R = 0,08$ $\Delta t = -2 \ln 0,08 = 5,05$

$R = 0,57$ $\Delta t = -2 \ln 0,57 = 1,12$

$R = 0,63$ $\Delta t = -2 \ln 0,63 = 0,92$

Os valores estão expressos na tabela abaixo

Clientes	Número aleatório para tempo de chegada	Tempo de chegada (minutos)
1	26	2,69
2	49	1,43
3	08	5,05
4	57	1,12
5	63	0,92

Controle de Parâmetros de Simulação

11

11.1 CÁLCULO DO NÚMERO DE SIMULAÇÕES

O problema que se apresenta agora é saber qual o tamanho da amostra e, portanto, qual o número de simulações que devemos efetuar para garantir o erro dentro de limites aceitáveis, com um nível de confiança desejável.

Os parâmetros que geralmente queremos controlar em processos de amostragem são a média e o desvio-padrão.

Controle da média

Supondo que estejam satisfeitas as condições:

- A média amostral é normalmente distribuída.
- O tamanho da amostra é suficientemente grande, o que é usual em processos de simulação.

Neste caso, se:

$Z_{\frac{\alpha}{2}}$ é o desvio normal entre a média amostral e a verdadeira média em um nível de confiança $1 - \alpha$.

$1 - \alpha$ é o nível de confiança desejado.

e – é a diferença tolerável entre a média amostral e a verdadeira média (erro padrão de estimativa), então o mínimo de elementos da amostra (número de simulações) é dado por:

$$n = \left(\frac{Z_{\frac{\alpha}{2}} \cdot \sigma(x)}{e} \right)^2$$

se o desvio-padrão σ da população for conhecido, ou

$$n = \left(\dfrac{t_{\frac{\alpha}{2}} \cdot s(x)}{e} \right)^2,$$

se não conhecemos o desvio-padrão da população. Neste caso, usamos o desvio-padrão amostral **S** como aproximação do desvio-padrão populacional σ, e a distribuição t de Student para compensar esta aproximação.

Exemplo:

Suponha que a média amostral de uma população com desvio-padrão $\sigma(x) = 5$, seja normalmente distribuída. Qual será o tamanho da amostra que garanta um desvio entre a média amostral e a verdadeira média de no máximo ± 1, em um nível de confiança de 95%?

Solução:

Como $\alpha = 1 - 0,95 = 0,05$ da tabela normal padrão $Z_{\frac{0,05}{2}} = 1,96$.

Então $n = \dfrac{\sigma^2(x) \left(Z_{\frac{\alpha}{2}} \right)^2}{e^2} = \dfrac{5^2 (1,96)^2}{1^2} = 96,04$ ou 97 elementos.

Caso não fosse conhecido o desvio-padrão da população, teríamos que recorrer ao desvio-padrão da amostra. Como o desvio-padrão da amostra é sempre maior que o da população, o resultado é um número maior de simulações para garantir o controle do parâmetro.

No caso anterior, se usássemos o desvio-padrão de uma amostra, com 21 elementos e $s(x) = 8$ nas mesmas condições teríamos:

$$n = \dfrac{s^2(x) \left(t_{\frac{\alpha}{2}} \right)^2}{e^2} = \dfrac{8^2 (2,086)^2}{1^2} = 278,48 \text{ ou } 279 \text{ elementos.}$$

Como era de se esperar, o uso do estimador para o desvio-padrão, no lugar de seu verdadeiro valor, exige uma amostra maior para manter os mesmos níveis de erro e confiabilidade.

Controle do desvio-padrão

Se as condições seguintes estão satisfeitas:

- ■ a variância amostral se distribui normalmente; e
- ■ o tamanho da amostra é suficientemente grande (condição usual em estudo de simulação), então a expressão:

$$n = \dfrac{2 \left(Z_{\frac{\alpha}{2}} \right)^2}{e^2} + 1$$

142 Capítulo 11

nos fornece uma aproximação do tamanho da amostra para garantir um desvio percentual entre a verdadeira variância e a variância amostral de no máximo e em um nível de confiança $1 - \alpha$.

Exemplo:

Se desejamos um desvio entre a verdadeira variância e a variância amostral de no máximo 20%, em um nível de confiança de 95%, teremos:

$e = 0,20$

$$Z_{\frac{\alpha}{2}} = 1,96$$

$$n = \frac{2(1,96)^2}{(0,20)^2} + 1 = 193,08,\ \text{ou seja, 194 elementos.}$$

11.2 CONTROLE DE PARÂMETROS USANDO O TEOREMA DO LIMITE CENTRAL

O controle de parâmetros como a média e o desvio-padrão podem ser feitos durante o processo de simulação, calculando-se o valor do parâmetro após cada simulação e comparando o resultado com o obtido na etapa anterior.

O teorema do Limite Central garante que à medida que aumentarmos o tamanho da amostra, o desvio entre o valor amostral e o verdadeiro valor do parâmetro diminui continuamente.

Assim, estabelecido o desvio aceitável para o parâmetro, o processo de simulação se encerra quando a oscilação do parâmetro ficar restrita a este desvio.

11.3 O PROBLEMA DAS CONDIÇÕES INICIAIS

Em muitos problemas de simulação somos obrigados a optar por um estado inicial do sistema. Quantos elementos aguardam em uma fila de espera ou quantos elementos possui o estoque de um produto ao se iniciar a simulação podem determinar conclusões diferentes na solução dos problemas.

Se temos alguma informação sobre o estado do sistema quando ele se encontra em regime estacionário, iniciar nestas condições resolve parcialmente o problema.

Se não temos a informação, uma saída é usar uma primeira etapa de simulação para estabelecer uma estimativa do regime estacionário. Esse processo seria usado então como condição de partida para a simulação final.

Controle de Parâmetros de Simulação **143**

11.4 COMENTÁRIOS SOBRE ANÁLISE DE SENSIBILIDADE

Como sabemos, a construção de um modelo exige a busca de um grupo de informações que transforma essa atividade num exercício de reconhecimento do sistema em estudo. Em consequência disto, terminamos por identificar variáveis fundamentais para o desempenho do sistema. O controle dessas variáveis através da análise de sensibilidade é necessário para verificar as respostas do modelo quanto às variações nos dados de entrada.

Exemplo:

Vamos examinar o caso de uma empresa que fabrica um alimento que deve ser consumido no dia da fabricação. Se ela produz muito, o produto se perde. Se produz pouco, não atende seus clientes e deixa de lucrar. O custo unitário de produção está estimado em 25,00 u.m. e o preço de venda fixado em 50,00 u.m. A empresa anotou a demanda do produto nos últimos 100 dias e organizou os dados da tabela:

Demanda	Ponto médio	Frequência
20 – 24	22	0,05
25 – 29	27	0,10
30 – 34	32	0,20
35 – 39	37	0,30
40 – 44	42	0,20
45 – 49	47	0,10
50 – 54	52	0,05

A demanda média é: $\bar{x} = 22 \times 0,05 + 27 \times 0,10 + ... + 52 \times 0,05 = 37$

Duas políticas são testadas:

1. fabricar uma quantidade igual à demanda efetiva do dia anterior;
2. fabricar 37 unidades, independente da demanda passada.

A regra de decisão é o lucro gerado pelas políticas testadas. Para iniciar a simulação na regra 1, consideramos a demanda anterior ao primeiro dia simulado, igual à média do período anotado: $\bar{x} = 37$.

Estabelecendo-se os limites para os números aleatórios com ajuda de frequência acumulada, e usando-se os números aleatórios obtidos em uma tabela (27, 43, 85, 88, 29, 69, 94, 32, 48, 13, 14, 54, 15, 47) para simular o modelo por 15 dias, obtemos os seguintes resultados:

Política 1: Quantidade produzida = 550

Quantidade vendida = 500

Lucro = 500 × 50 – 550 × 25 = 11.250 u.m.

Política 2: Quantidade produzida = 555
Quantidade vendida = 515
Lucro = 515 × 50 − 555 × 25 = 11.875 u.m.

A política 2 mostrou-se mais conveniente do que a política 1.

Um dado crítico de entrada é o custo de produção estimado em $ 25,00. O que ocorreria se o custo fosse de $ 20,00 ou $ 30,00?

Para custo de $ 20,00:

Política 1: Lucro = 500 × 50 − 550 × 20 = 14.000
Política 2: Lucro = 500 × 50 − 550 × 20 = 14.650

Para custo de $ 30,00:

Política 1: Lucro = 500 × 50 − 550 × 30 = 8.500
Política 2: Lucro = 500 × 50 − 550 × 30 = 9.100

A política 2 ainda é a preferível em ambos os casos.

Exemplo:

Vamos examinar agora o problema de dimensionar o tempo médio de atendimento em um problema de fila de espera. Os dados são:

1. Os clientes chegam à fila de espera com tempo entre chegadas distribuídos conforme a figura:

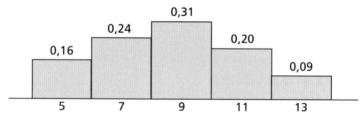

Tempo entre as chegadas em minutos

2. O custo total do sistema, C_t, é dado por:

C_t = custo do tempo de espera + custo do atendimento no guichê.

O custo de espera por minuto é 50,00 u.m., enquanto que o custo de atendimento no guichê é de 200,00 u.m. por minuto.

3. O tempo de atendimento tem uma distribuição exponencial. Portanto, esses tempos podem ser dados através da relação:

$$\Delta T = -\frac{1}{\lambda}\ln R$$

onde R é um número aleatório no intervalo [0,1], λ é a taxa de chegada dos clientes e $1/\lambda$ é, portanto, o tempo médio de atendimento.

Solução:

Vamos simular o sistema para os 10 primeiros clientes. O tempo médio entre as chegadas é de:

$$\overline{\Delta t} = 5 \times 0,16 + 7 \times 0,24 + 9 \times 0,31 + 11 \times 0,20 + 13 \times 0,09$$

$$= 8,64 \text{ minutos.}$$

Vamos supor que o primeiro cliente chegue após a abertura do guichê.

Os tempos entre as chegadas dadas pelos números aleatórios tem por base a distribuição empírica anotada, conforme a tabela:

Tempo entre as chegadas em minutos	Frequência % anotada	Frequência % acumulada	Limites para os números aleatórios
5	0,16	0,16	00 – 15
7	0,24	0,40	16 – 39
9	0,31	0,71	40 – 70
11	0,20	0,91	71 – 90
13	0,09	1,00	91 a 99

Vamos iniciar com um tempo médio de atendimento de 8 minutos, já que o tempo médio de chegada é de 8,64 minutos. O tempo médio de atendimento deve ser sempre menor que o de chegada, caso contrário a fila cresceria continuamente.

Número de chegada	Números aleatórios para tempo entre chegadas	Tempo entre chegadas em minutos	Números aleatórios para tempo de atendimento R	Tempo de atendimento $\Delta t = -8 \ln R$
1	29	7	14	15,7
2	76	11	75	2,3
3	51	9	69	3,0
4	34	7	28	10,2
5	98	13	82	1,6
6	37	7	47	6,0
7	61	9	53	5,1
8	80	11	18	13,7
9	03	5	10	18,4
10	83		83	1,5

146 Capítulo 11

Descrição dos eventos. A chegada do primeiro cliente corresponde a $T = 0$, na contagem de tempo.

Tempo	Clientes na fila pelo número de chegada	Clientes no atendimento pela ordem de chegada	
0	–	1	Chega o primeiro cliente e vai para o guichê
7	2	1	Chega o segundo cliente e entra na fila de espera
15,7	–	2	O segundo cliente vai para o guichê
18	–	3	Chega o terceiro cliente e entra direto no guichê
21,0	–	–	O terceiro cliente vai embora após ser atendido
27	–	4	Chega o quarto cliente diretamente para o guichê
34	5	4	Chega o quinto cliente e entra na fila de espera
37,2	–	5	O quinto cliente vai para o guichê
38,8	–	–	O quinto cliente vai embora após ser atendido
47	–	6	Chega o sexto cliente direto no guichê
53,1	–	–	O sexto cliente vai embora
54	–	7	Chega o sétimo cliente no guichê
59,1	–	–	O sétimo cliente vai embora após o atendimento
63	–	8	O oitavo cliente chega para o guichê
74	9	8	O nono cliente chega para a fila de espera
76,7	–	9	O nono cliente vai para o guichê
79	10	9	O décimo cliente chega para a fila de espera
95,1	–	10	O décimo cliente vai para o guichê
96,6	–	–	O décimo cliente vai embora após ser atendido

Resultados:

Tempo de espera na fila: $8,7 + 3,2 + 2,7 + 16,1 = 30,7$ minutos.

Tempo de atendimento após a chegada do primeiro cliente: 96,6 minutos.

Custo total: $30,7 \times 50 + 96,6 \times 200 = 20.855$ u.m.

Controle de Parâmetros de Simulação **147**

Suponha agora que para diminuir o tempo médio de atendimento para 7 minutos, o custo passe de 200 para 220 o minuto. Neste caso, a simulação para os 10 primeiros clientes ficaria assim:

Número aleatório para o tempo de atendimento R	Tempo de atendimento $\Delta t = -7 \ln R$
14	13,8
75	2,0
69	2,61
28	8,9
82	1,4
47	5,3
53	4,4
18	12,0
10	16,1
83	1,3

Descrição dos eventos com um tempo médio de atendimento de 7 minutos.

Tempo	Clientes na fila	Clientes no guichê	
0	–	1	Chega o primeiro cliente no guichê
7	2	1	Chega o segundo cliente para a fila de espera
13,8	–	2	O segundo cliente vai para o guichê
15,8	–	–	O segundo cliente vai embora após atendimento
18	–	3	O terceiro cliente chega para o guichê
20,6	–	–	O terceiro cliente vai embora após ser atendido
27	–	4	Chega o quarto cliente para o guichê
34	5	4	Chega o quinto cliente para a fila de espera
35,9	–	5	O quinto cliente vai para o guichê
37,3	–	–	O quinto cliente vai embora após ser atendido
47	–	6	O sexto cliente chega para o guichê
52,3	–	–	O sexto cliente vai embora após ser atendido
54	–	7	Chega o sétimo cliente para o guichê
58,4	–	–	O sétimo cliente vai embora após o atendimento
63	–	8	O oitavo cliente chega para o guichê
74	9	8	O nono cliente chega para a fila de espera
75	–	9	O nono cliente vai para o guichê
79	10	9	O décimo cliente chega para a fila de espera
91,1	–	10	O décimo cliente vai para o guichê
92,4	–	–	O décimo cliente vai embora após ser atendido

148 Capítulo 11

Resultados:

Tempo de espera na fila: 6,8 + 1,9 + 1 + 12,1 = 21,8 minutos

Tempo de atendimento: 92,4 minutos

Custo total: 21,8 × 50 + 92,4 × 220 = 21.418 u.m.

O investimento em termos de agilização do atendimento não compensou o ganho com a diminuição dos tempos de atendimento e de fila de espera.

Exercício de aplicação

O levantamento do número de acidentes em uma rodovia apresentou para 200 dias observados os números da tabela:

Número de acidentes	Frequência
0	84
1	72
2	27
3	13
4	3
5	1

Testar ao nível de significância de 5% a hipótese dos dados se ajustarem a um modelo de Poisson.

Solução:

A variável de Poisson descreve o número de ocorrências do fenômeno em um intervalo de tempo. A probabilidade de ocorrência de n eventos no intervalo Δt é:

$$P(n, \Delta t) = \frac{(\lambda \Delta t)^n}{n!} e^{-\lambda \Delta t},$$

onde λ é o número de eventos por unidade de tempo.

Cálculo de λ (no caso λ é o número médio de acidentes por dia):

$$\lambda = \frac{0 \times 84 + 1 \times 72 + 2 \times 27 + 3 \times 13 + 4 \times 3 + 5 \times 1}{84 + 72 + 27 + 13 + 3 + 1} = \frac{182}{200} = 0,91$$

Então:

$$P(n,1) = \frac{(0,91)^n}{n!} \times e^{-0,91}$$

é o modelo teórico ajustado para distribuição empírica dada.

Vamos tabelar agora a frequência do número de acidentes dados empiricamente e as frequências resultantes do modelo teórico ajustado.

$$P(0,1) = \frac{(0,91)^0}{0!} \times e^{-0,91} = 0,4025 \text{ probabilidade de ocorrer zero acidentes no dia.}$$

$P(0,1) \times 200 = 0,4025 \times 200 = 80,50$ é o número de dias em que ocorre zero acidentes, dado pelo modelo teórico.

$$P(1,1) = \frac{(0,91)^1}{1!} \times e^{-0,91} = 0,3663 \text{ probabilidade de ocorrer um acidente no dia.}$$

$P(1,1) \times 200 = 0,3663 \times 200 = 73,26$ número de dias em que ocorre um acidente, dado pelo modelo teórico.

$$P(2,1) = \frac{(0,91)^2}{2!} \times e^{-0,91} = 0,1667$$

$P(2,1) \times 200 = 0,1667 \times 200 = 33,33$

$$P(3,1) = \frac{(0,91)^3}{3!} \times e^{-0,91} = 0,0510$$

$P(3,1) \times 200 = 0,0510 \times 200 = 10,20$

$$P(4,1) = \frac{(0,91)^4}{4!} \times e^{-0,91} = 0,0115$$

$P(4,1) \times 200 = 0,0115 \times 200 = 2,30$

$$P(5,1) = \frac{(0,91)^5}{5!} \times e^{-0,91} = 0,0021$$

$P(5,1) \times 200 = 0,0021 \times 200 = 0,42$

Número de acidentes	O_i = número real de dias de ocorrência	e_i = número teórico de dias de ocorrência	Diferenças ($O_i - e_i$)
0	84	80,50	84 − 80,50 = 3,5
1	72	73,26	72 − 73,26 = − 1,26
2	27	33,33	27 − 33,33 = − 6,33
3	13	10,20	13 − 10,20 = 2,80
4	3	2,30	3 − 2,30 = 0,70
5	1	0,42	1 − 0,42 = 0,58

O teste de aderência é feito com auxílio da estatística:

$$\chi^2 = \sum_{i=1}^{n} \frac{(O_i - e_i)^2}{e_i}$$

1. χ^2 calculado $= \dfrac{(3,5)^2}{80,5} + \dfrac{(-1,26)^2}{73,26} + \dfrac{(-6,33)^2}{33,33} + \dfrac{(2,8)^2}{10,20} + \dfrac{(0,70)^2}{2,30} + \dfrac{(0,58)^2}{0,42} = 3,16$

2. χ^2 crítico é dado por uma tabela desta distribuição, conhecidos o nível α de significância do teste e o número de graus de liberdade da estatística. No caso:

$\alpha = 0,05$ nível de significância adotado.

$\Phi = n - 1 - k$ é o número de graus de liberdade, onde n é o número de eventos (no caso $n = 6$) e k o número de parâmetros usados no cálculo das frequências teóricas de acidentes. Usamos para esse cálculo o parâmetro λ obtido da distribuição empírica. Portanto, $k = 1$ e o número de graus de liberdade é $\Phi = 6 - 1 - 1 = 4$.

Da tabela $\chi^2_{0,05, 4}$ obtemos o χ^2 crítico $= 9,45$.

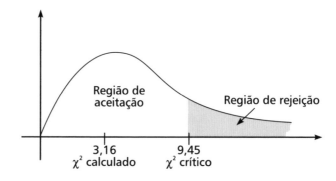

Como χ^2 calculado $< \chi^2$ crítico, aceitamos a hipótese, ao nível de significância de 5%, de que a distribuição empírica anotada é uma amostra da distribuição de Poisson, com a taxa de acidentes diários $\lambda = 0,91$.

OBSERVAÇÃO: Simulação usando modelos teóricos de probabilidade com o auxílio da Planilha Excel.

O roteiro no caso é o seguinte:

1. Escolha: Utilitários/Analisar dados/Geração de números aleatórios/Função teórica.
2. Preencha os parâmetros necessários a cada função teórica, e a célula com base na qual os números deverão ser gerados.
3. Se necessitar números arredondados, use:

   = arred(núm; número de dígitos)

   em outra coluna. Edite a nova coluna

EXERCÍCIOS (LISTA 10)

1. O custo de fabricação de um produto é $C_T = C_V \cdot q + C_F$

   C_T = custo total de produção.

   C_V = custo variável por unidade.

   C_F = Custo fixo de produção no intervalo de produção em estudo.

   O custo variável por unidade e o custo fixo têm distribuições anotadas, e a quantidade a ser produzida no próximo período tem distribuição estimada pelos encarregados de produção. As tabelas são as seguintes:

   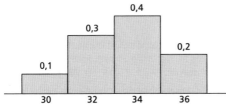
   Custo variável por unidade

   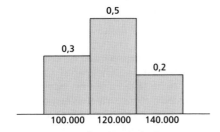
   Custo fixo por produção

   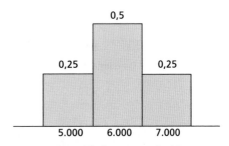
   Quantidade a ser produzida

   Determine o custo total médio para o próximo período, com base em 20 simulações desta variável, usando os números aleatórios:

   Para C_V: 8, 6, 0, 4, 3, 8, 2, 6 ,7, 9, 0, 6, 2, 5, 2, 8, 7, 7, 3, 8

   Para C_F: 9, 4, 7, 1, 0, 7, 5, 7, 9, 6, 6, 3, 4, 9, 5, 3, 1, 1, 9, 3.

   Para q: 74, 60, 64, 70, 01, 61, 23, 49, 67, 04, 58, 64, 04, 58, 42, 82, 65, 53, 87, 85.

2. A receita total devida à comercialização de um produto é de $RT = p.q$, onde p é o preço de venda e q a quantidade vendida do produto. As distribuições de p e q foram anotadas em períodos anteriores. Como o preço de venda e a quantidade vendida são variáveis dependentes, as tabelas apresentam as estimativas de venda para cada nível de preço.

152 Capítulo 11

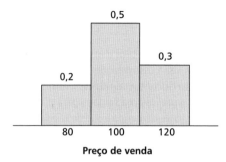

Preço de venda

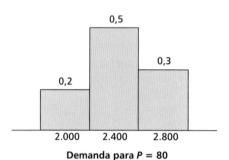

Demanda para P = 80

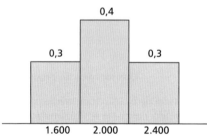

Demanda para P = 100

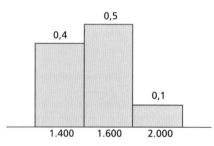

Demanda para P = 120

Usando os números aleatórios:

Para p: 2, 7, 7, 5, 4, 5, 4, 3, 9, 7, 4, 1, 1, 0, 8.

Para demanda: 9, 1, 4, 6, 3, 6, 4, 2, 7, 8, 9, 4, 2, 6, 9.

Calcular a receita esperada para o próximo período, baseada em 15 simulações.

3. Um projeto de investimento requer uma aplicação de capital de 100.000 u.m. de início. Estão previstos para os próximos cinco anos:

   Custo anual de operação: 60.000, 70.000 ou 80.000, com probabilidades de 0,20, 0,50 e 0,30.

   Receita anual de vendas: 90.000, 110.000 ou 130.000, com probabilidades de 0,10, 0,60 e 0,30.

   Taxa de impostos sobre o lucro menos depreciação: 30%, 35% ou 40%, com probabilidades de 0,10, 0,70 e 0,20.

   A depreciação será linear em cinco anos.

   O valor residual do investimento será de 20.000, 25.000 ou 30.000 com probabilidades de 0,30, 0,40 e 0,30.

   Baseado no valor da taxa interna de retorno esperada para o projeto, estimada após 10 simulações, verificar se o investimento é preferível a uma aplicação no mercado financeiro que rende líquido 25% ao ano.

   Números aleatórios:

   Custo anual (C): 2, 8, 0, 7, 5, 3, 6, 3, 5, 8.

   Receita anual (R): 2, 4, 1, 4, 8, 7, 5, 2, 3, 7.

   Taxa de imposto (i): 7, 9, 3, 9, 8, 6, 0, 1, 0, 7.

   Valor residual: 2, 4, 3, 9, 7, 3, 2, 1, 8, 4.

   Retorno líquido anual = $(R - C) - (R - C - D) \times i$

   D = Depreciação

4. Um projeto de investimento foi simulado 10 vezes fornecendo as seguintes taxas internas de retorno: 19, 23, 21, 19, 20, 20, 21, 20, 21, e 22%.

   Testar ao nível de significância de 10% se a distribuição da taxa de retorno se ajusta a uma distribuição normal.

5. Em uma fila de espera, o tempo entre as chegadas tem distribuição exponencial com média de 3 minutos. O tempo de atendimento tem distribuição exponencial, e queremos construir um sistema de atendimento que mantenha o cliente no sistema por no máximo 4 minutos em média. Simule o atendimento de 10 clientes para 2 minutos e 2,5 minutos em média. Use os números aleatórios:

   Tempo entre as chegadas: 90, 65, 36, 92, 23, 83, 78, 38, 73, 81.

Tempo de atendimento: 82, 72, 60, 71, 18, 57, 19, 38, 33, 31.

Baseado nesta simulação, comente os resultados em face do objetivo.

6. Usando os resultados do problema 3, obtidos com as 10 simulações da taxa interna de retorno, e supondo sua distribuição normal:
   a. Calcular a probabilidade de a taxa interna de retorno estar no intervalo [24,30].
   b. Construir um intervalo de confiança de 95% para a taxa interna de retorno.
   c. Acredita-se que a taxa interna de retorno do investimento é de 27% ao ano. Testar esta afirmação ao nível de significância de 10%.

7. Usando os resultados obtidos no problema 4:
   a. Calcular a probabilidade de a taxa interna de retorno ser menor que 19.
   b. Construir um intervalo de confiança de 95% para a taxa interna de retorno.

8. As variáveis x e y são independentes e têm distribuição normal. Se a variável z é dada por $z = 2x - 3y$:
   a. Calcular a média de z após 20 simulações.
   b. Calcular o número mínimo de simulações para que a diferença entre a média amostral e o valor médio de z seja no máximo 0,5 ao nível de significância de 5%.

Dados:

Distribuições empíricas de x e y.

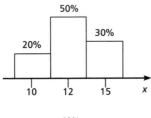

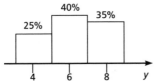

Números aleatórios para x: 9, 7, 6, 2, 0, 4, 1, 0, 1, 8, 7, 7, 4, 0, 3, 7, 3, 0, 7, 4

Números aleatórios para y: 66, 54, 19, 71, 31, 73, 21, 33, 12, 39, 23, 21, 08, 48, 02, 17, 33, 95, 85, 77.

9. Um produto tem demanda semanal descrita por uma distribuição normal com média 20 e variância 9. O custo de manter um item em estoque de uma semana para outra é 100, e o custo de demanda insatisfeita é 600. O estoque do produto é atualmente de 42 unidades, e os pedidos de reposição são atendidos em uma semana.

Testar as políticas (Faça 10 simulações para cada política):
   a. O pedido de reposição é feito no final da semana, sempre que o estoque for menos que 40 unidades. O pedido é a diferença para 45 unidades.
   b. O pedido de reposição é feito no final da semana, sempre que o estoque for menor que 23 unidades. O pedido é de 20 unidades.
   c. O exame da política **b** sugere o teste de outra política?

Use os números aleatórios: 816, 616, 888, 893, 499, 748, 404, 059, 947, 680.

10. Uma empresa espera comercializar 2.000 unidades do produto P_1 e 2.500 unidades de outro produto P_2, na próxima semana. Os preços de venda dos produtos dependem da cotação do mercado, e variam segundo as distribuições empíricas anotadas anteriormente. Os custos variáveis unitários de produção dependem de matéria-prima cotada diariamente no mercado, e sua distribuição foi anotada. O custo fixo de produção é de 4.000 para P_1 e 7.000 para P_2, ao nível de produção esperado. Colocadas no mercado pelo preço de cotação do dia, todas as unidades serão vendidas.

Supondo que as variáveis envolvidas sejam independentes, e que o lucro tenha distribuição normal, calcular, com base em 15 simulações, a probabilidade de que:
   a. a empresa faça lucro com os dois produtos na próxima semana;
   b. o lucro seja maior que 10.000.

Dados:

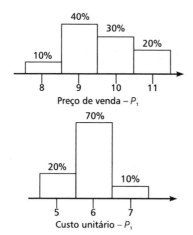

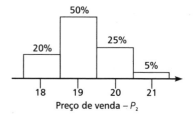

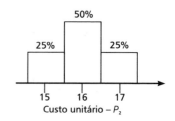

Números aleatórios:

Preço de venda P_1: 83, 09, 12, 71, 81, 59, 68, 19, 70, 91, 90, 36, 91, 74, 69.

Preço de venda P_2: 60, 49, 03, 82, 97, 95, 13, 58, 11, 44, 27, 76, 57, 90, 62.

Custo unitário P_1: 19, 33, 42, 24, 49, 33, 20, 22, 78, 92, 14, 82, 32, 84, 46.

Custo unitário P_2: 45, 38, 41, 70, 57, 83, 75, 31, 51, 60, 84, 34, 99, 46, 12.

RESPOSTAS

1. $\bar{C}_T$ = 320.200,00
2. $\bar{R}_T$ = 200.000,00
3. Não: IRR = 24,3%
4. χ^2_{calc} = 0,89 < $\chi^2_{10,7}$ = 12. A distribuição empírica tem ajuste normal ao nível de 10%.
5. Tempo médio no sistema:
   média 2 min. → 2,70 min.
   média 2,5 min. → 3,92 min. As duas opções estão de acordo com o objetivo.
6. a. 26,77%
   b. $P[18,4 < IRR < 30,26] = 0,95$

   c. Aceita-se IRR = 27% ao nível de 10
7. a. 10,38%
   b. $P(19,70 \leq \mu \leq 21,50) = 0,95$
8. a. 7,5   b. 766
9. a. custo = 27.500
   b. custo = 37.900
   c. Sim – Testar a segunda política com pedidos de 21 unidades.
   – Aumentar o ponto de reposição do estoque.
10. a. $P(L > 0) = 92,07\%$
    b. $P(L > 10.000) = 6,43\%$

ANEXO
A Ferramenta Solver da Planilha Excel na Solução de Problemas de Programação Linear

A sequência de procedimentos deste roteiro apresenta passos indispensáveis para carregar as informações necessárias na ferramenta Solver da Planilha Excel. A descrição dos procedimentos considera que o leitor não esteja habituado com os recursos da Planilha e seu formato. Caso o leitor já seja usuário da Planilha, pode dispensar parte das explicações e usar recursos que agilizam o carregamento de dados e equações.

Caso você considere necessário, identifique o problema de Programação Linear a ser resolvido e escreva o modelo matemático na Planilha. Assim, poderá salvá-lo para consulta posterior e dispor dele para trabalhos e apresentação.

O modelo de Programação Linear é construído com variáveis (variáveis de decisão e do objetivo) e constantes, com as quais são montadas as restrições e a equação do objetivo. Essas variáveis e constantes, além das equações correspondentes, devem estar disponíveis em células da Planilha visando a transferência para a caixa do Solver.

Vamos trabalhar com um exemplo para explicar os passos necessários.

Maximizar $z = x_1 + 2x_2 + 3x_3$

Com as restrições: $\begin{cases} 2x_1 + x_2 - x_3 \leq 10 \\ x_1 + x_2 + 2x_3 \geq 20 \\ 2x_1 + x_2 + 3x_3 = 60 \end{cases}$

$$x_1 \geq 0, x_2 \geq 0, x_3 \geq 0.$$

156 Anexo

1. Vamos escolher 4 células para abrigar as variáveis x_1, x_2, x_3 e z. Por exemplo, as células A11, B11, C11 e E11, escrevendo o nome de cada variável na respectiva célula. Dessa forma, podemos identificar as células A12, B12, C12 e E12, na linha imediatamente abaixo, para receber o valor de cada uma das variáveis correspondentes.

2. Equacionando o objetivo.

2.1 Na célula que recebe o valor do objetivo, no caso E12, vamos construir sua equação, $x_1 + 2x_2 + 3x_3$. O formato é o seguinte:

2.2 Destaque com o *mouse* a célula E12 e escreva:

= destaque com o *mouse* a célula A12 (que contém o valor de x_1) + 2* destaque com o *mouse* a célula B12 (que contém o valor de x_2) + 3* destaque com o *mouse* a célula C12 (que contém o valor de x_3).

O resultado aparece assim: = A12+2*B12+3*C12. Acione ENTER.

3. Equacionando as restrições:

3.1 Devemos escolher 3 células para identificar com os símbolos R1, R2, R3 as 3 restrições do problema. Por exemplo, as células A14, A15 e A16. Vamos construir as equações da esquerda (das restrições) nas células B14, B15 e B16 e os valores da direita nas células C14, C15 e C16.

3.2 Nas células A14, A15 e A16 escrevemos, respectivamente, R1, R2 e R3.

3.3 Na célula B14, escrevemos o lado esquerdo da primeira restrição $2x_1 + x_2 - x_3$ no formato: = 2* destaque com o *mouse* a célula A12 (valor de x_1) + destaque com o *mouse* a célula B12 (valor de x_2) – destaque com o *mouse* a célula C12 (valor de x_3). O resultado é: = 2*A12 + B12 – C12. Acione "ENTER".

3.4 Na célula C14 escrevemos o valor da direita da restrição, ou seja, 10.

3.5 Na célula B15 escrevemos o lado esquerdo da segunda restrição: $x_1 + x_2 + 2x_3$, na forma: = destaque A12 (valor de x_1) + destaque B12 (valor de x_2) +2* destaque C12 (valor de x_3). O resultado é: = A12 + B12 +2* C12. Acione "ENTER".

3.6 Na célula C15 escrevemos o valor da direita da restrição, ou seja, 20.

3.7 Na célula B16 escrevemos o lado esquerdo da terceira restrição $2x_1 + x_2 + 3x_3$ no formato: = 2* destaque A12 (valor de x_1) + destaque B12 (valor de x_2) + 3* destaque C12 (valor de x_3). O resultado é: = 2*A12 + B12 + 3*C12. Acione "ENTER".

3.8 Na célula C16 escrevemos o valor da direita da restrição, ou seja, 60.

As informações necessárias para o Solver ficam, assim, acessíveis nas células com os dados e as equações.

4. Acessando o Solver.

4.1 Para Office anterior a 2007.

Carregue a Planilha Excel, abra a janela "Ferramentas" e carregue o Solver. Se o Solver não estiver disponível na janela, abra a caixa "Suplementos" e destaque o Solver que é um dos suplementos disponíveis, e clique "OK". A ferramenta Solver estará, então, disponível na janela "Ferramentas".

4.2 Para o Office 2007.

Carregue a Planilha Excel e na barra de opções clique em Dados e a seguir no símbolo do Office no canto superior esquerdo da tela. Na janela aberta, clique em Opções do Excel (parte inferior da janela). Na nova janela aberta, clique em Suplementos (coluna à esquerda da janela). Carregue suplementos do Excel (parte inferior da janela) e clique em Ir.

Na nova janela "Suplementos", destaque o Solver e clique OK. O ícone do Solver ficará disponível na Barra de Opções.

4.3 Para o Office 2010 e superiores, na planilha Excel abra arquivo, em seguida Opções, suplementos e carregue o Solver. O atalho fica disponível na barra de opções na opção Dados.

4.4 Pode ocorrer que a ferramenta Solver ainda não esteja instalada. Neste caso, siga, para isso, a sequência de procedimentos do assistente de instalação.

O aspecto geral da tela após a abertura do Solver é o seguinte:

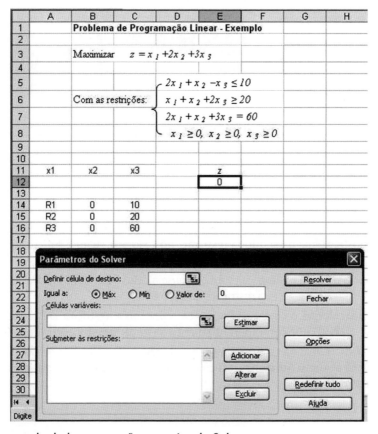

5. Carregando dados e equações na caixa do Solver.

5.1 **Definir a célula de destino**: É a célula que contém a equação do objetivo, no caso E12. Clique com o *mouse* nesta célula.

5.2 **Igual a**: destaque uma das opções para o objetivo, no caso Máx.

5.3 **Células variáveis**: são as células que correspondem ao valor de cada variável, no caso A12 (valor de x_1), B12 (valor de x_2) e C12 (valor de x_3). Coloque o cursor na linha a ser carregada e destaque com o *mouse* essas células, separando-as com dois pontos. O resultado é: $A$12:$C$12 (células de A12 a C12).

5.4 **Adicionar**: Acionando essa opção aparece nova caixa onde devemos carregar as restrições. A forma é:

Referência da célula: destacar com o *mouse* a célula que contém o lado esquerdo da primeira restrição, no caso B14.

Restrição: coloque o cursor na linha a carregar sob a Restrição. Destaque, com o *mouse* a célula que contém o lado direito da primeira restrição, no caso C14.

Sinal: ajuste o sinal da primeira restrição, no caso <=. Acione **Adicionar**. A caixa retorna vazia para a carga da segunda restrição.

Após a inserção da primeira restrição, a caixa Adicionar restrição tem o seguinte aspecto:

Referência da célula: destacar com o *mouse* a célula que contém o lado esquerdo da segunda restrição, no caso B15.

Restrição: coloque o cursor na linha a carregar sob a Restrição. Destaque, com o *mouse* a célula que contém o lado direito da segunda restrição, no caso C15.

Sinal: ajuste o sinal da segunda restrição, no caso > =. Acione **Adicionar**. A caixa retorna vazia para a carga da terceira restrição.

Referência da célula: destacar com o *mouse* a célula que contém o lado esquerdo da terceira restrição, no caso B16.

Restrição: coloque o cursor na linha a carregar sob a Restrição. Destaque, com o *mouse* a célula que contém o lado direito da terceira restrição, no caso C16.

Sinal: ajuste o sinal da terceira e última restrição, no caso =. Acione **OK**. Se ao invés de **OK** você acionou **Adicionar,** cancele a nova caixa. A caixa do Solver aparece com os dados carregados.

A Ferramenta Solver da Planilha Excel na Solução de Problemas de Programação Linear **159**

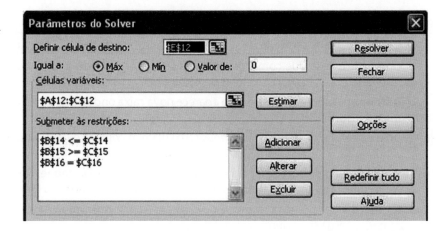

6. Acione, agora, **Opções** da caixa do Solver. Aparecerá a caixa **Opções do Solver**. Nesta caixa, destaque: **Presumir modelo linear** e **Presumir não negativos**. Isto ajusta os cálculos para o nosso modelo (modelo linear com variáveis não negativas). Clique **OK**; retornar à caixa principal do Solver.

7. Na caixa principal acione **Resolver**. Aparece nova caixa **Resultados do Solver,** que disponibiliza três relatórios: Resposta; Sensibilidade e Limites. Destaque com o *mouse* os dois primeiros relatórios e acione **OK**.

8. Os relatórios no caso do exemplo desenvolvido aparecem na parte inferior da planilha e são os seguintes:

Microsoft Excel 11.0 Relatório de resposta

Planilha: [Pasta1]Plan1

Relatório criado: 26/8/2009 15:45:14

Célula de destino (Máx)

Célula	Nome	Valor original	Valor final
$E$12	z	0	82,5

Células ajustáveis

Célula	Nome	Valor original	Valor final
$A$12	x_1	0	0
$B$12	x_2	0	22,5
$C$12	x_3	0	12,5

160 Anexo

Restrições

Célula	Nome	Valor da célula	Fórmula	*Status*	Transigência
$B$14	$R_1 x_2$	10	$B$14<=$C$14	Agrupar	0
$B$15	$R_2 x_2$	47,5	$B$15>=$C$15	Sem agrupar	27,5
$B$16	$R_3 x_2$	60	$B$16=$C$16	Sem agrupar	0

O Relatório de resposta apresenta:

O valor do objetivo: $z = 82,5$;

O valor das variáveis de decisão: $x_1 = 0$, $x_2 = 22,5$ e $x_3 = 12,5$.

O valor das folgas das restrições ou folgas dos recursos: zero para a primeira restrição, 27,5 para a segunda restrição e zero para a terceira restrição.

Microsoft Excel 11.0 Relatório de sensibilidade

Planilha: [Pasta1]Plan1

Relatório criado: 26/8/2009 15:45:14

Células ajustáveis

Célula	Nome	Final Valor	Reduzido Custo	Objetivo Coeficiente	Permissível Acréscimo	Permissível Decréscimo
$A$12	x_1	0	−3	1	3	1E+30
$B$12	x_2	22,5	0	2	1E+30	1
$C$12	x_3	12,5	0	3	3	1E+30

Restrições

Célula	Nome	Final Valor	Sombra Preço	Restrição Lateral R.H.	Permissível Acréscimo	Permissível Decréscimo
$B$14	$R_1 x_2$	10	0,75	10	50	30
$B$15	$R_2 x_2$	47,5	0	20	27,5	1E+30
$B$16	$R_3 x_2$	60	1,25	60	1E+30	36,66666667

O Relatório de sensibilidade apresenta:

Das células ajustáveis

O valor de oportunidade dos produtos cujas quantidades são expressas pelas variáveis de decisão (custo reduzido). Os produtos contemplados, isto é, com decisões não nulas (x_2

A Ferramenta Solver da Planilha Excel na Solução de Problemas de Programação Linear **161**

=22,5 e x_3 =12,5*)* têm valor de oportunidade zero. O produto não contemplado, isto é, com decisão nula (x_1 =0*)* tem valor de oportunidade – 3, o que significa que, se desejamos uma solução com x_1 não nulo, o acréscimo dado a x_1 tende a diminuir o valor do objetivo em três vezes o valor do acréscimo. Por exemplo, se acrescentarmos a restrição x_1 = 0,5, a nova solução ótima tem valor do objetivo 81 (82,5 – 3×0,5).

O coeficiente das variáveis de decisão na função objetivo (1, 2 e 3) e os possíveis acréscimos ou decréscimos que esses preços podem sofrer sem alterar a solução encontrada (valores encontrados para as variáveis de decisão).

O coeficiente 1 de x_1 pode crescer até 4 (aumento de 3) ou decrescer indefinidamente sem afetar os valores das variáveis de decisão.

O coeficiente 2 de x_2 pode crescer indefinidamente ou decrescer até 1 (diminuição de 1) sem afetar os valores das variáveis de decisão.

O coeficiente 3 de x_3 pode crescer até 6 (aumento de 3) ou decrescer indefinidamente sem afetar os valores das variáveis de decisão.

Das restrições

O quadro mostra o valor usado de cada um dos recursos (valor final) e os respectivos valores de oportunidade desses recursos (preço sombra), além dos possíveis acréscimos ou decréscimos que pode sofrer o estoque desses recursos que preserva a informação contida nos valores de oportunidade desses recursos.

O estoque do primeiro recurso R1 é 10 e seu valor de oportunidade é 0,75. Isso significa que cada unidade a mais alocada desse recurso, aos custos atuais, aumenta o valor do objetivo em 0,75. Da mesma forma, se diminuir o estoque desse recurso, o valor do objetivo diminui em 0,75 para cada unidade diminuída. Esse aumento para o valor do objetivo vale para acréscimos de até 50 unidades desse recurso (acréscimo permissível). Da mesma forma, essa diminuição do valor do objetivo vale para decréscimos de até 30 unidades desse recurso (decréscimo permissível).

O estoque do segundo recurso R2 é 20 e seu valor de oportunidade (preço sombra) é zero. Isto significa que um acréscimo de até 27,5 (acréscimo permissível) no estoque desse recurso (passar de 20 para 47,5) não altera o seu valor de oportunidade. Por outro lado, podemos diminuir indefinidamente o estoque desse recurso sem alterar o seu valor de oportunidade (decréscimo permissível).

O estoque do primeiro recurso R3 é 60 e seu valor de oportunidade é 1,25. Isso significa que cada unidade a mais alocada desse recurso aos custos atuais aumenta o valor do objetivo em 1,25. Da mesma forma, se diminuir o estoque desse recurso, o valor do objetivo diminui em 1,25 para cada unidade diminuída. Esse aumento para o valor do objetivo vale para qualquer acréscimo desse recurso (acréscimo permissível). Da mesma forma, essa diminuição do valor do objetivo vale para decréscimos de até 36,67 unidades desse recurso (decréscimo permissível).

Bibliografia

ACKOFF, R. L.; SASIENI, M. W. *Pesquisa operacional*. Rio de Janeiro: Livros Técnicos e Científicos, 1971.

EHRLICH, P. J. *Pesquisa operacional*: curso introdutório. São Paulo: Atlas, 1991.

HILLIER, F. S.; LIEBERMAN, G. J. *Introduction to operations research*. San Francisco: Holden-Day, 1968.

MIZE, J. H., COX, J. G. *Essentials of simulation*. Englewood Cliffs: Prentice Hall, 1968.

NAYLOR, T. H.; BALINTFLY, J. L.; BURDICK, D. S. et al. *Computer simulations technics*. New York: John Wiley, 1966.

NOVAES, A. G. *Métodos de otimização*: aplicação aos transportes. São Paulo: E. Blücher, 1978.

PUCCINI, A. L. *Introdução à programação linear*. Rio de Janeiro: Livros Técnicos e Científicos, 1975.

SHAMBLIN, J. E.; STEVENS JR., G. T. *Pesquisa operacional*: uma abordagem básica. São Paulo: Atlas, 1989.

Impressão e Acabamento: